AF150391

Liebe Eltern,

Ihr Kind lernt in diesem Trainingsprogramm neben einem grundlegenden Wortschatz die **wichtigsten Grammatikbereiche** des 1. Englischjahres kennen. Zusammen mit dem **Hauschka-Lernprogramm 301** (Present Progressive Form und Simple Present) bildet es eine elementare Einführung in die englische Sprache. Das Programm ist so aufgebaut, dass Ihr Kind **allein** damit arbeiten kann. Die Aufgaben werden genau erklärt, so dass sich alle Schülerinnen und Schüler auskennen. Zu jeder Aufgabe finden Sie die Lösungen im herausnehmbaren Lösungsteil in der Mitte des Heftes.

Wie ist das Programm aufgebaut?

Der Stoff des Übungsbuches ist in sechs wichtige Bereiche aufgeteilt. Nach jedem Übungsabschnitt finden Sie einen Test zum vorhergehenden Übungsteil, mit dem Sie prüfen können, ob Ihr Kind den entsprechenden Bereich gut verstanden hat. Am Ende des Heftes gibt es noch ein kurzes Kapitel zu den beiden Gegenwartsformen; ausführlich werden diese in einem eigenen Lernprogramm erklärt (Heft 301).
Die **Lösungen** zu den Aufgaben und Tests finden Sie im Lösungsteil in der Mitte des Heftes. Dieses Lernprogramm verwendet den **Wortschatz**, der in der Regel in der Mitte des 1. Englischjahres bekannt ist. Außerdem befindet sich die deutsche Übersetzung von besonders wichtigen, aber nicht ganz alltäglichen Wörtern in Fußnoten jeweils am Seitenende. Damit ergänzt dieses Programm in idealer Weise die Arbeit mit den an den Schulen benützten Englisch-Lehrbüchern.

Viel Erfolg bei der Arbeit mit dieser Lernhilfe!

Ludwig Waas

1. Einzahl und Mehrzahl (Singular und Plural)

Regelmäßige Mehrzahlformen

1 Sammy und Eve sind Freunde. Sie hatten beide vor kurzem Geburtstag.
Hier erzählen sie, was sie bekommen haben.
Schau dir die Bilder genau an und ergänze dann die Sätze!

Sammy   Eve

1. I've got a _plane._
2. I've got a _____
3. I've got a _____
4. I've got a _____

5. I've got two _ping pong bat**s**._
6. I've got two _____
7. I've got three _____
8. I've got four _____

2 Während Sammy den Singular (die Einzahlform) bei den Geburtstagsge-
schenken benützte, hängte Eve stets ein **-s** an das Nomen (Namenwort);
denn sie hatte mehrere (2, 3 oder 4) gleiche Dinge bekommen.
Schreibe nun auf, wie man im Englischen den regelmäßigen Plural bildet!
Die durcheinandergeratenen Satzteile im farbigen Feld helfen dir.

ein -s anhängen. – muss man – ~~Um die Mehrzahl zu bilden,~~
an das Wort in der Einzahl

Um die Mehrzahl zu bilden, _____
_____

3 Schreibe nun den Plural (die Mehrzahl) der folgenden Nomen!

one flat[1]	→	three	_____flat**s**_____	(1)
one street[2]	→	ten	_____	(2)
one brother[3]	→	four	_____	(3)
a team[4]	→	six	_____	(4)
a girl[5]	→	twenty	_____	(5)
a table[6]	→	five	_____	(6)
a bedroom[7]	→	two	_____	(7)
one shop[8]	→	seven	_____	(8)

4 Füge bei folgenden Sätzen das Nomen in der Einzahl oder Mehrzahl ein!

1. The Cooks have got a _____ and a house.
   (garden)

2. The Swains have got two _____.
   (car)

3. The Holmes have got a _____ with four _____.
   (flat)   (room)

4. The Bentleys have got five _____ and one _____.
   (bike)   (motorbike)

Wir haben bisher gesagt, man braucht nur ein -s an das Namenwort in der Einzahl anzuhängen, um die Mehrzahl zu bilden. Immer geht dies jedoch nicht. Es gibt einige Besonderheiten, die du nun kennen lernen sollst.

Erste Besonderheit: Zischlaut am Ende des Nomens

5 Zischlaute sind solche Laute, die wie **s** oder **sch** klingen. Von Bedeutung ist nur die **Aussprache, nicht die Schreibweise**. In der Lautschrift (z. B. in einem Wörterbuch) sehen diese Laute so aus:
[s] [z] – [ʃ] [ʒ]
  s   **sch**

Sprich folgende Wörter laut aus und entscheide, ob der letzte Laut ein Zischlaut ist!

Kreuze die Wörter mit Zischlaut am Ende an!

1. ◯ doctor[1]
2. ◯ kitchen[2]
3. ◯ box
4. ◯ cinema[3]
5. ◯ glass[4]

6. ◯ garage
7. ◯ chair[5]
8. ◯ office[6]
9. ◯ match[7]
10. ◯ bottle[8]

Nomen mit einem Zischlaut **am Ende** bilden die Mehrzahl, indem sie **-es** anhängen.

one bu**s**   ⟶   3 bu**ses**

---

1 Arzt
2 Küche
3 Kino

4 Glas
5 Stuhl
6 Büro

7 Streichholz
8 Flasche

6 Setze in die Mehrzahl!

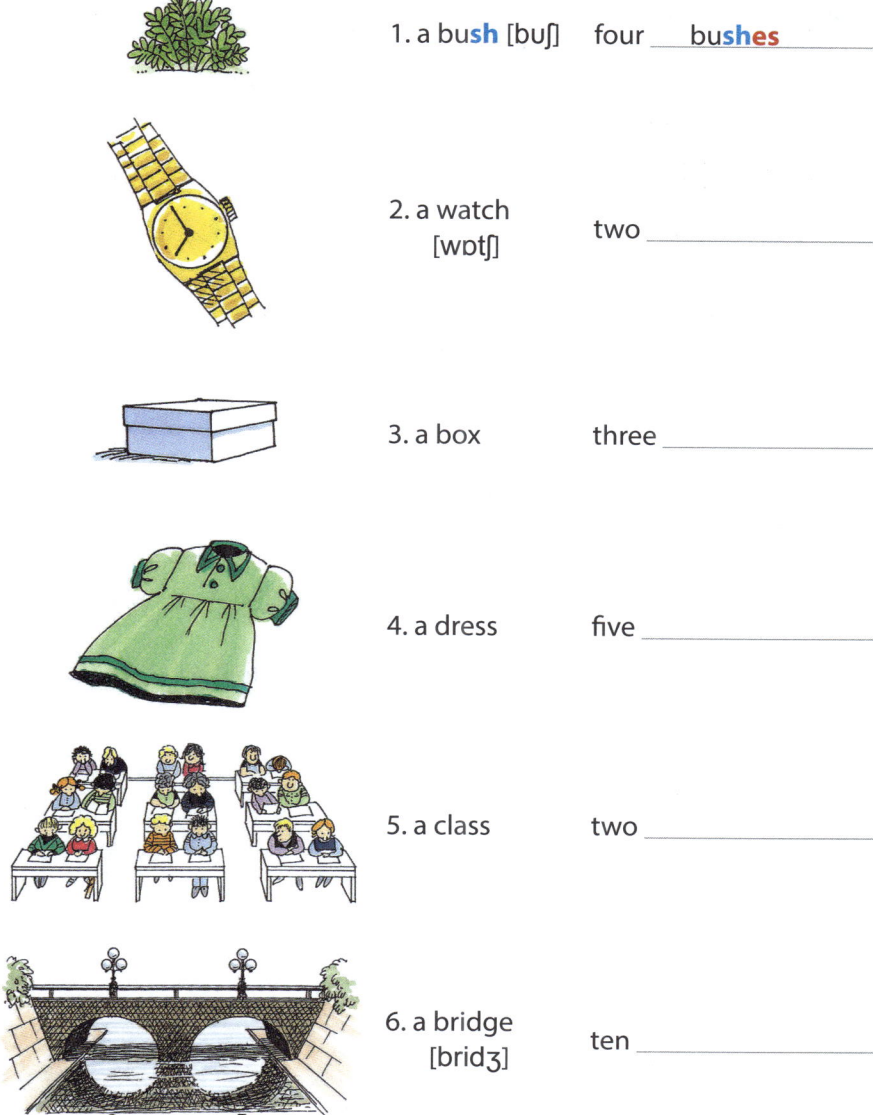

1. a bu**sh** [buʃ]   four ___**bushes**___

2. a watch [wɒtʃ]   two _____

3. a box   three _____

4. a dress   five _____

5. a class   two _____

6. a bridge [bridʒ]   ten _____

Zweite Besonderheit: -y am Ende des Nomens → -ys oder → -ies

7 Bevor wir hierauf näher eingehen, musst du wissen, wie die **5 Vokale (Selbstlaute)** lauten. Hier sind sie:

Merkspruch: A, e, i, o, u,
das merk ich mir im Nu.

Alle anderen Buchstaben nennt man **Konsonanten (Mitlaute)**.

Also z. B. b, k, t, s, z usw.

Ist der vorletzte Buchstabe ein Vokal oder ein Konsonant?
Ordne nun folgende Wörter richtig ein!

boy – party – day[1] [deɪ] – factory[2] [ˈfæktərɪ] – chimney[3] [tʃɪmnɪ]
family – lady[4] [leɪdɪ] – country[5] [kʌntrɪ] – baby – lorry[6] [lɒrɪ]

Der **vorletzte** Buchstabe ist ein Vokal.	Der **vorletzte** Buchstabe ist ein Konsonant.
boy,	party,

1 Tag   3 Kamin   5 Land
2 Fabrik   4 Dame   6 Lastwagen

8 Und nun findest du dieselben Wörter in der Mehrzahl.
Schreibe unten in jede Spalte, was mit dem -y am Ende passiert ist!

Der **vorletzte** Buchstabe ist ein **Vokal (Selbstlaut)**.		Der **vorletzte** Buchstabe ist ein **Konsonant (Mitlaut)**.	
boy	⟶ bo**ys**	part**y**	⟶ part**ies**
day	⟶ days	factory[1]	⟶ factories
chimney	⟶ chimneys	family	⟶ families
		lady	⟶ ladies
		country[2]	⟶ countries
		baby	⟶ babies
		lorry	⟶ lorries
Das -y _____		Das -y _____	
_____		_____	

9 **Mehrzahlbildung bei Nomen, die auf -y enden**

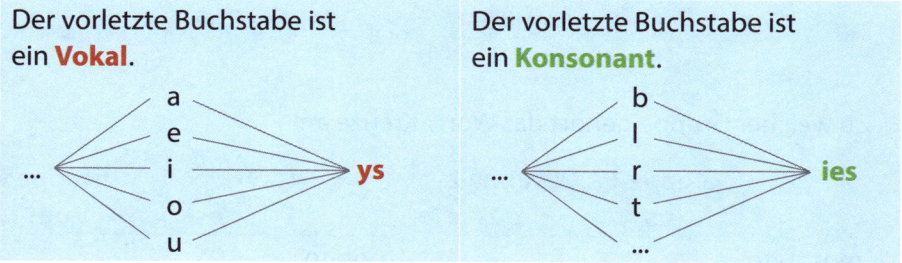

Setze nun folgende Wörter in den Plural! Sieh dir immer zuerst den vorletzten Buchstaben an!

balcony[3] ⟶ _balconies_ (1)   key[5] [ki:] ⟶ _____ (4)

toy ⟶ _____ (2)   pony ⟶ _____ (5)

story[4] ⟶ _____ (3)   diary[6] ⟶ _____ (6)

---

1 Fabrik   3 Balkon   5 Schlüssel
2 Land   4 Geschichte   6 Tagebuch

Dritte Besonderheit: -o am Ende des Nomens → -os oder → -oes

10 Bei Wörtern mit -o am Ende bilden manche Wörter den Plural (die Mehrzahl) durch Anhängen von **-s**.

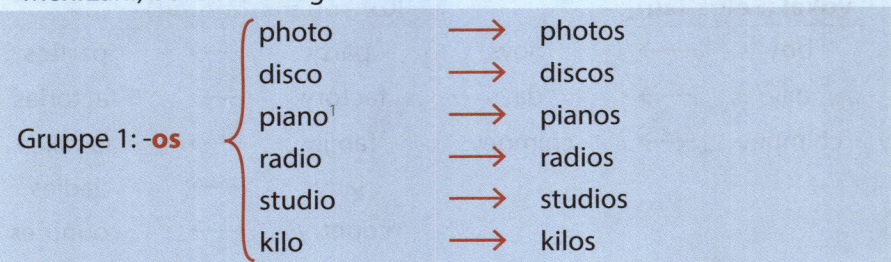

Gruppe 1: **-os**		
photo	⟶	photos
disco	⟶	discos
piano[1]	⟶	pianos
radio	⟶	radios
studio	⟶	studios
kilo	⟶	kilos

Vor allem bei Wörtern, die schon lange in der englischen Sprache vorkommen, wird ein **-es** angehängt. Die folgenden Wörter sind die gebräuchlichsten Wörter mit **-oes** am Ende. Diese Wortgruppen mit ihren Pluralformen musst du dir **einprägen**.

Gruppe 2: **-oes**		
potato[2]	⟶	potatoes
tomato	⟶	tomatoes
hero[3]	⟶	heroes
mosquito[4]	⟶	mosquitoes

Zu welcher Gruppe gehört das Wort? Kreuze an!

	Gruppe 1 -os	Gruppe 2 -oes		Gruppe 1 -os	Gruppe 2 -oes
mosquito			potato		
radio			hero		
photo			studio		
tomato			disco		
piano					

Kreuzworträtsel: Übersetze und setze ein!

↓

| Studios: |
| Fotos: |
| Mücken: |
| Radios: |
| Kartoffeln: |
| Kilos: |
| Helden: |
| Discos: |

Lösung: _____

Vierte Besonderheit: -f am Ende des Nomens —→ -fs oder —→ -ves

11 Nomen, die mit -f oder -fe in der Einzahl enden, bilden die Mehrzahl mit **-fs**/**-fes** oder **-ves**. Leider gibt es keine feste Regel, wann einfach ein **-s** angehängt wird und wann die Pluralendung **-ves** lautet.

Hier sind 4 wichtige Wörter, die einfach ein **-s** anhängen.

| dwarf[1] [dwɔːf] | safe | roof[2] [ruːf] | cliff[3] |
| dwar**fs** | sa**fes** | roo**fs** | cliff**s** |

Lerntipp:

▸ Präge dir diese Wörter ein. Arbeite erst weiter, wenn du sie sicher kannst!

---

1 Zwerg   2 Dach   3 Klippe

Hast du die Wörter gut gelernt? Schreibe sie auf, ohne bei den Bildern nachzusehen!

1. Zwerge: __dwarfs__   2. Klippen: _____

3. Dächer: _____   4. Geldschränke: _____

12 Und hier sind einige Wörter, deren Mehrzahlendung **-ves** lautet. Schreibe die Wörter in der Mehrzahl dazu!

1. knife[1] [naɪf]   2. wife[2] [waɪf]   3. half[3]

__kni**ves**__   _____   _____

4. calf[4]   5. leaf[5] [liːf]

_____   _____

13 Kreuzworträtsel: Übersetze und setze ein! Achte auf die Endungen!

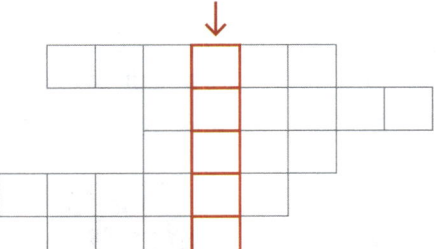

Zwerge
Wölfe
Jungen
Klippen
Schlüssel

Kreise die passende Lösung ein!

1 Messer   3 Hälfte   5 Blatt
2 Ehefrau   4 Kalb

14 Fülle die Lücken aus! Die Wörter können in der Einzahl oder Mehrzahl stehen. Achtung: Zwei -fs-Wörter aus Aufgabe **11** sind dabei.

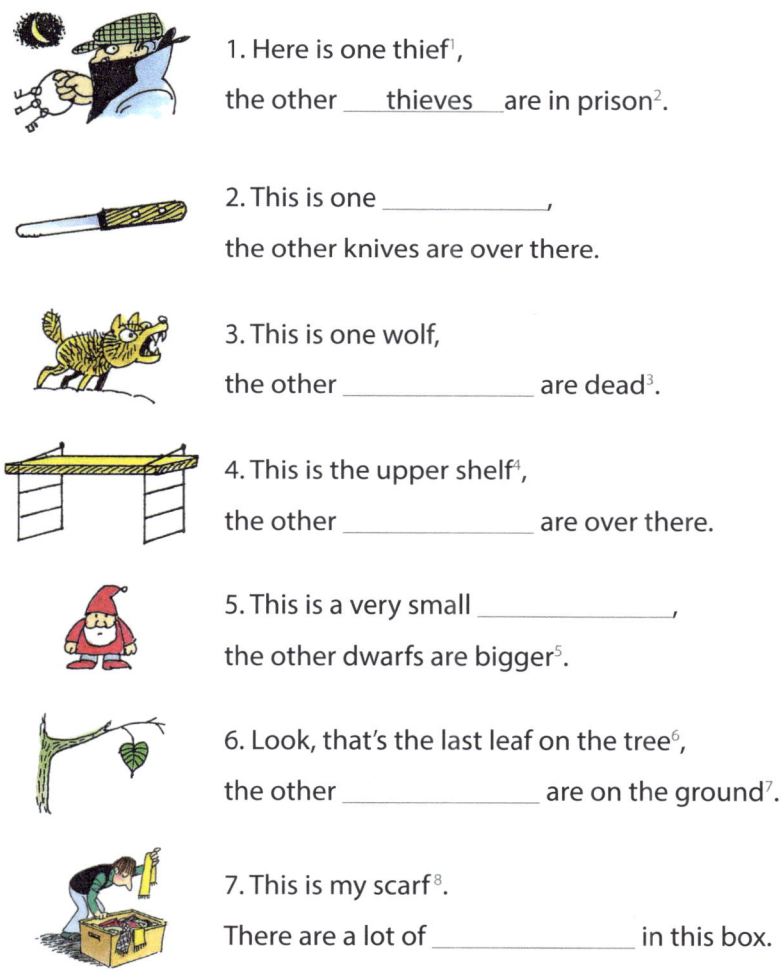

1. Here is one thief[1],

the other ___thieves___ are in prison[2].

2. This is one _____,

the other knives are over there.

3. This is one wolf,

the other _____ are dead[3].

4. This is the upper shelf[4],

the other _____ are over there.

5. This is a very small _____,

the other dwarfs are bigger[5].

6. Look, that's the last leaf on the tree[6],

the other _____ are on the ground[7].

7. This is my scarf[8].

There are a lot of _____ in this box.

---

1 Dieb   4 oberes Regalbrett   7 Boden
2 Gefängnis   5 größer   8 Schal
3 tot   6 Baum

Unregelmäßige Mehrzahlformen

15 Bei der Mehrzahlbildung haben wir bisher Besonderheiten am Ende der Wörter kennen gelernt. Im Englischen gibt es aber auch Nomen, die völlig unregelmäßig ihre Mehrzahl bilden. Die wichtigsten lernst du hier kennen. Suche die passenden Wörter im farbigen Feld und trage sie unten ein!

gentlemen ['dʒentlmen] – feet [fiːt] – geese – ~~children~~ – sheep
mice [maɪs] – fish – men – women ['wɪmɪn] – teeth [tiːθ]

1. child [tʃaɪld] $\longrightarrow$ _____children_____

2. woman [wumən] $\longrightarrow$ _____

3. man $\longrightarrow$ _____

4. gentleman[1] $\longrightarrow$ _____

5. tooth[2] [tuːθ] $\longrightarrow$ _____

6. goose[3] [guːs] $\longrightarrow$ _____

7. mouse[4] $\longrightarrow$ _____

8. fish[5] $\longrightarrow$ _____

9. foot[6] $\longrightarrow$ _____

10. sheep[7] $\longrightarrow$ _____

Tipps zum Lernen:

▶ **Vergleiche**, bevor du weiterarbeitest, sorgfältig deine Ergebnisse mit den Lösungen!

▶ **Lerne** die Singular- und Pluralformen **auswendig**!

▶ Arbeite erst weiter, wenn du sie **sicher beherrschst**!

---

1 Herr   4 Maus   7 Schaf
2 Zahn   5 Fisch
3 Gans   6 Fuß

16 Bevor du an den ersten Test herangehst, kannst du noch einmal dein Wissen über die Mehrzahlbildung überprüfen.
Schreibe die Pluralformen in das richtige Kästchen!

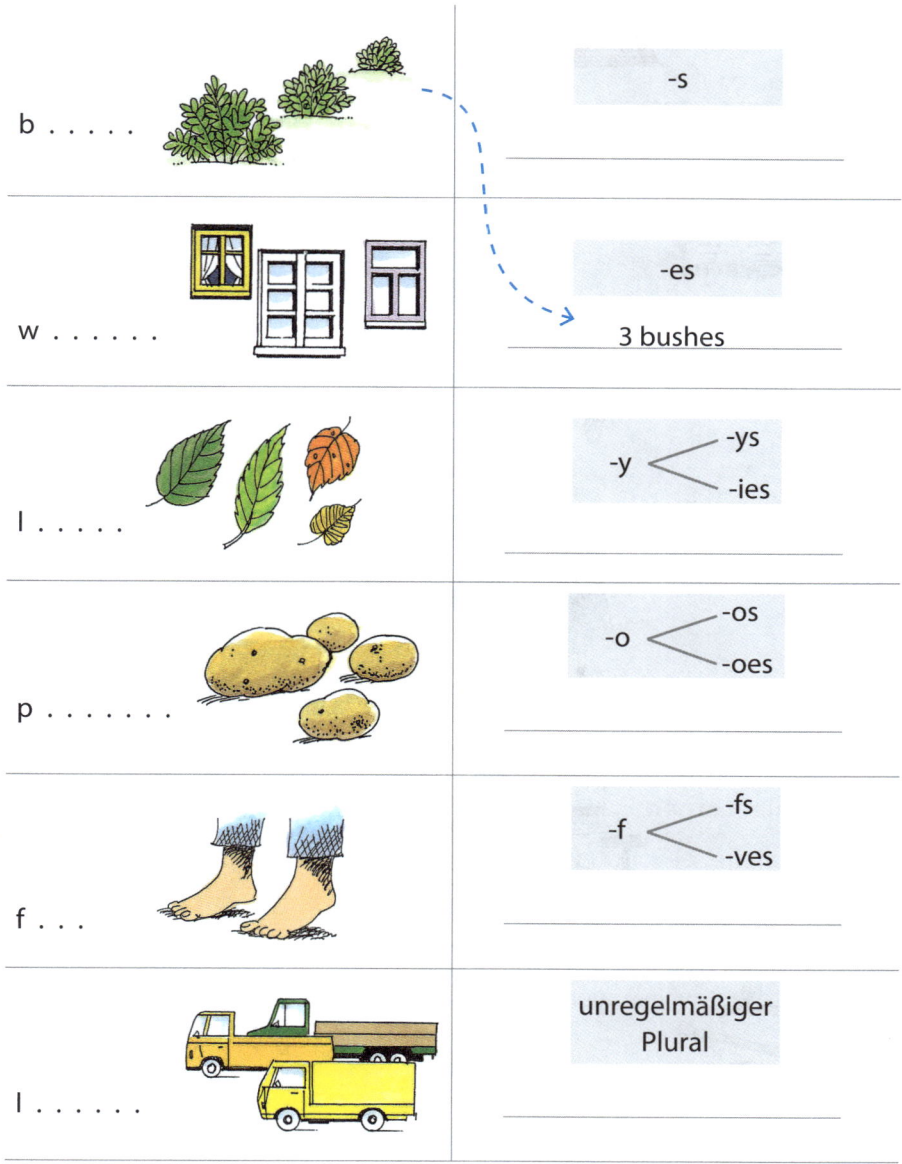

b . . . . .

w . . . . . .

l . . . . .

p . . . .

f . . .

l . . . . . .

-s
_____

-es
3 bushes
_____

-y ⟨ -ys / -ies
_____

-o ⟨ -os / -oes
_____

-f ⟨ -fs / -ves
_____

unregelmäßiger Plural
_____

17 Schreibe auch hier die Pluralformen in das richtige Kästchen!

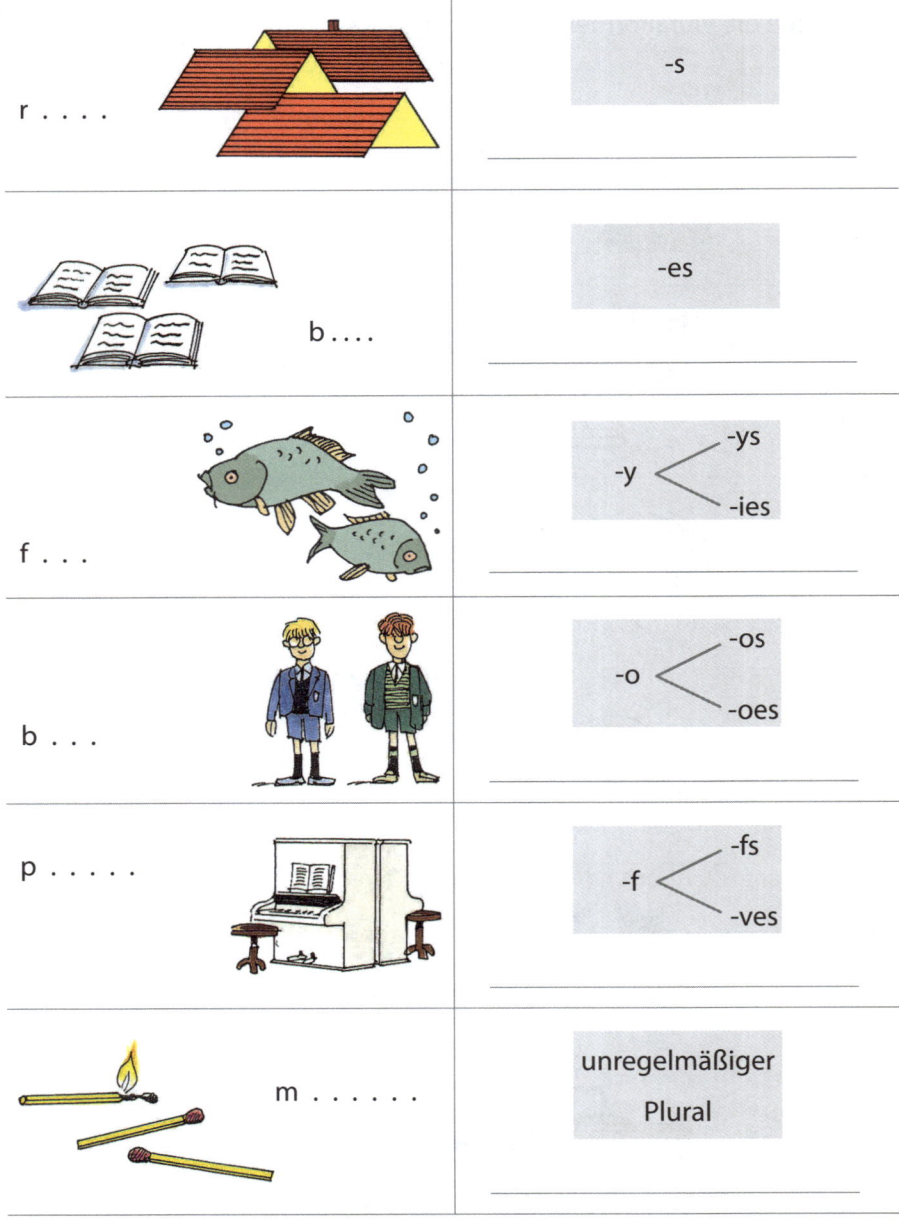

r . . . .

-s

_____

b . . . .

-es

_____

f . . .

-y 〈 -ys / -ies

_____

b . . .

-o 〈 -os / -oes

_____

p . . . . .

-f 〈 -fs / -ves

_____

m . . . . . .

unregelmäßiger Plural

_____

Test 1 (Einzahl und Mehrzahl)

Bilde den Plural (Mehrzahl)!

1. a room $\longrightarrow$ _____   3. a cupboard $\longrightarrow$ _____

2. a place $\longrightarrow$ _____   4. a tree $\longrightarrow$ _____

Hier findest du deutsche Sätze, bei denen die Nomen fett gedruckt sind. Übersetze diese Nomen und schreibe sie in den richtigen Kasten!

5. Die **Busse** verkehren sonntags nicht.

6. Dieses Jahr ernten die Gärtner viele **Tomaten**.

7. Wir waren fünf **Wochen** in Schottland.

8. Diese **Fotos** habe ich in Spanien geknipst.

9. Die **Kinder** spielten im Garten.

10. Diese **Fische** gibt es nur in Südamerika.

11. Viele **Brücken** überspannen die Themse.

12. Putze dir deine **Zähne** jeden Tag nach dem Essen!

13. In den Ferien sind die **Tage** so schnell vergangen.

14. Unsere Nachbarn haben **Zwerge** im Garten.

15. Die **Kälber** waren von morgens bis abends auf der Weide.

16. Er war schon fast in allen **Ländern** der Welt.

17. Man sieht schon von weitem die weißen **Klippen** von Dover.

18. Die **Damen** trugen ihre schönsten Kleider.

Die Lösungen zu dem Test findest du **am Ende des Lösungsteils.**

-s

-es
buses

-os	-oes

-fs	-ves

-ys	-ies

unregelmäßig

2. Persönliche Fürwörter (Personalpronomen)

18 Personen, Sachen, Tiere und Pflanzen kann man durch Personalpronomen ersetzen, z. B. um Wortwiederholungen zu vermeiden:

Angela is my sister.

She   is my sister.

Das Wort **Angela** wurde durch das persönliche Fürwort *she* ersetzt.

Ergänze folgenden Satz: Weibliche Personen können durch das persönliche Fürwort „_____" ersetzt werden.

19 Im Englischen gibt es, ebenso wie im Deutschen, zwei Fälle bei persönlichen Fürwörtern. Hier sind zwei Beispiele dafür:

Can you see the president?

Satz 1: **He** isn't in that car.

↓

Er ist nicht in diesem Auto.

↓

Wer? (Der Präsident)

Satz 2: I can't see **him**.

↓

Ich kann **ihn** nicht sehen.

↓

Wen? (Den Präsidenten)

Satz 1: *he* (deutsch: er) ersetzt den Satzgegenstand (das Subjekt).

Satz 2: *him* (deutsch: ihn) ersetzt eine Satzergänzung (ein Objekt).

Entscheide mit Hilfe des nächsten Satzes, wie die **persönlichen Fürwörter** für eine **weibliche Person** lauten!

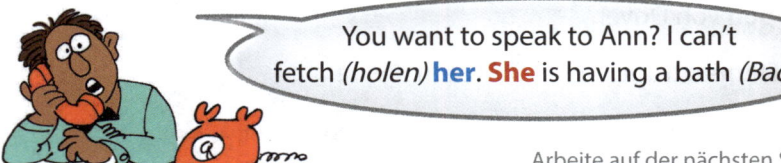

You want to speak to Ann? I can't fetch *(holen)* **her**. **She** is having a bath *(Bad)*.

Arbeite auf der nächsten Seite weiter!

Durch welches Wort wird das **Subjekt** ersetzt?

Du musst **fragen**:
Wer badet?

Antwort: Das **Subjekt** wird ersetzt durch _____.

Durch welches Wort wird das **Objekt** ersetzt?

Du musst **fragen**:
Wen kann er nicht holen?

Antwort: Das **Objekt** wird ersetzt durch _____.

20 Übersicht: **Personalpronomen**, die ein **Subjekt** ersetzen können

Per-son	Einzahl (Singular)	Mehrzahl (Plural)
1.	Ich spreche **über mich**: **I** am a pupil.	Ich sage etwas **über mich selbst und andere Personen**: **We** are friends.
2.	Ich spreche **zu einer Person**: **You** are crazy[1].	Ich sage **zu mehreren Personen** etwas: Have **you** got my postcard?
3.	Ich sage etwas **über eine männliche Person**: **He** is a football fan.	Ich sage etwas **über mehrere Personen**: **They** are football fans.
	Ich sage etwas **über eine weibliche Person**: **She** is a pretty girl.	Das gilt auch für **mehrere Tiere, Pflanzen** oder **Gegenstände**: **They** are sick trees.
	Ich sage etwas **über ein Tier**, eine **Pflanze** oder einen **Gegenstand**: **It** is a sick[2] tree.	

1 verrückt   2 krank

21 | The Garnet family

Betty   Lilian   Benny   Vivien

Hier lernst du die Familie Garnet kennen. Vivien Garnet, die älteste Tochter, stellt sie dir vor.
Setze die fehlenden persönlichen Fürwörter ein!

I – I – He – She – She – It – We – They – They

This is my father. _____ (1) is 40 years old. This is Betty, my little sister.

_____ (2) is 10 years old. This is my mother. _____ (3) is 36

years old. These[1] are Benny and Lilian. _____ (4) are twins[2].

_____ (5) are 8 years old. This is a little rabbit[3]. _____ (6) is

Benny and Lilian's rabbit. _____ (7) like[4] it. _____ (8) are a big

family. _____ (9) am the eldest[5] daughter[6]. _____ (10) am

14 years old.

---

1 Dies   3 Hase   5 älteste
2 Zwillinge   4 mögen   6 Tochter

22 Ersetze die **fett gedruckten Wörter** durch die passenden persönlichen Fürwörter (*He*, *She*, *It*, *They*) und kreuze dann richtig an!

	Männliche Person	Weibliche Person	Tier, Pflanze, Ding	Einzahl	Mehrzahl
1. **Mrs Fowler** is a good teacher. ___She___		x		x	
2. **Benjamin Horn** is a good actor[1]. _____					
3. **This rose** is beautyful. _____					
4. **Billy and Tony** are friends. _____					
5. **Elephants** eat a lot of[2] hay[3]. _____					
6. **Tim and Mary** are thieves[4]. _____					
7. **Brian's sister** is not at home. _____					
8. **A polar bear**[5] eats fish. _____					
9. **Peggy** has got three brothers. _____					
10. How much is[6] **this house**? _____					
11. **This policeman** is my father. _____					

1 Schauspieler   3 Heu   5 Eisbär
2 Menge   4 Diebe   6 Wie viel kostet

23 Besonderheit: Pronomen für Tiere

Die Übersicht von Lernschritt **20** muss man allerdings in Bezug auf die Tiere vervollständigen. Wir sagten bisher: Tiere werden durch das Personalpronomen *it* ersetzt.

Beispiel: I've found[1] this bird in our garden.

It has fallen[2] out of its nest.

Aber: Tiere, denen der Mensch einen Namen gegeben hat (z. B. einem **Haustier** bzw. den Tieren im **Zoo** oder **Zirkus**), können auch wie **männliche** oder **weibliche Personen** behandelt werden.

Setze nun die richtigen persönlichen Fürwörter ein!

1. This is an ape[3]. His name is

Pumuckl. **He** (oder: It) lives in Munich Zoo.

2. This is Rex. _____ is a dangerous[4] dog.

_____ is 10 years old.

3. Look at Kitty.

_____ is Mrs Connor's favourite cat[5].

Red Jack

4. What a nice[6] horse!

_____ has won[7] six prizes[8] last year.

---

1 gefunden
2 fallen
3 Menschenaffe

4 gefährlich
5 Lieblingskatze
6 Was für ein hübsches

7 gewonnen
8 Preise

24 Setze nun die persönlichen Fürwörter (Personal Pronouns) richtig ein! Jennifer erzählt etwas über ihren Klassenkameraden Gordon. Sie ist auf dem Weg zu ihm.

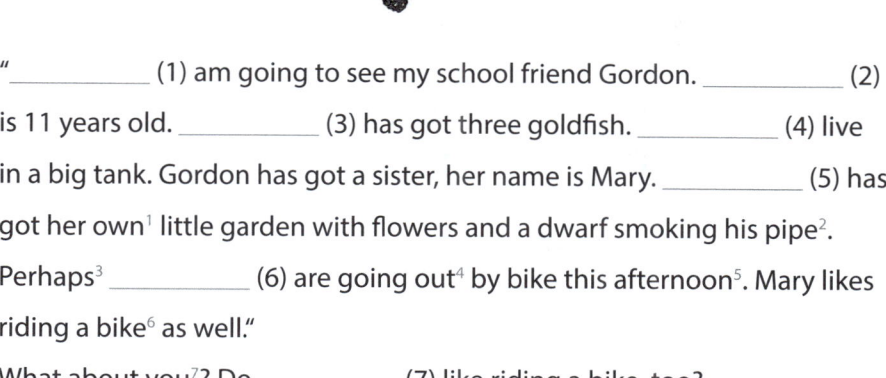

Jennifer

"_____ (1) am going to see my school friend Gordon. _____ (2) is 11 years old. _____ (3) has got three goldfish. _____ (4) live in a big tank. Gordon has got a sister, her name is Mary. _____ (5) has got her own[1] little garden with flowers and a dwarf smoking his pipe[2]. Perhaps[3] _____ (6) are going out[4] by bike this afternoon[5]. Mary likes riding a bike[6] as well."

What about you[7]? Do _____ (7) like riding a bike, too?

---

1 eigener
2 Zwerg, der seine Pfeife raucht
3 vielleicht
4 spazieren fahren
5 Nachmittag
6 Fahrrad
7 Wie steht's mit dir? / Und du?

25 Übersicht: Personalpronomen, die ein Objekt ersetzen können

Einzahl	1. Person		I am in the wardrobe[1]. You can't see **me**.
	2. Person		You're behind[2] the bushes. I can see **you**.
	3. Person		He hasn't got a job or a home. I'll give **him** some money.
			She is a famous[3] filmstar. You can see **her** on television every week.
			This T-shirt is too thin[4]. You can't wear[5] **it** today.
Mehrzahl	1. Person		We go swimming every Sunday morning. That's the best exercise[6] for **us**.
	2. Person		Come out, Bob and Janet. I can't find **you**.
	3. Person		There are some books on the table. Take **them** back to Mrs Fox, please.

1 Schrank	3 berühmt	5 tragen
2 hinter	4 dünn	6 Übung

26 Schreibe die persönlichen Fürwörter in die Lücken!

1. Give _____ some pudding, please.
   Gib   mir   etwas Pudding,   bitte!

2. Show _____ your new bike, please.
   Zeig   uns   dein neues Rad, bitte!

3. There are three rabbits. Can you see _____?
   Dort sind drei   Hasen.   Kannst du   sie   sehen?

4. This is for Sandra's schoolbag. Give _____ this sticker, please.
   Das ist für Sandras Schultasche. Gib   ihr   diesen Aufkleber, bitte!

5. This is for Ben's new bike. Give _____ this flag, please.
   Das ist für Bens neues Rad. Gib   ihm   diese Flagge, bitte!

27 Ersetze nun die fettgedruckten Wörter durch persönliche Fürwörter!
Es handelt sich nur um persönliche Fürwörter, die ein Objekt ersetzen.

him – them – ~~it~~ – her – us

1. Mr McGregor trims[1] **his hedge**[2] every summer.

   _____it_____

2. Mother takes[3] **Jim and Donald** to the kindergarten
   every morning. _____

3. Will you show[4] **Sarah and me** your photo album?

   _____

4. Katherine calls[5] **her boyfriend** every evening.

   _____

5. Mother reads a story[6] to **Susan** every night.

   _____

---

1 schneidet   3 bringt   5 anrufen
2 Hecke   4 zeigen   6 Geschichte

28 Setze die passenden Personalpronomen (**subjekt**bezogen oder **objekt**bezogen) ein!

This is Peter. _____ (1) has got a terrible toothache[1].

So his mother sends[2] _____ (2) to the dentist[3]. She says, "Let _____ (3) have a look at you."

Jenny goes with _____ (4). _____ (5) is his elder[4] sister.

And this is Mr Ibson's waiting room[5]. Can you see the patients[6]? Peter and his sister are looking at _____ (6). _____ (7) all have trouble[7] with their teeth.

Then it's Peter's turn[8]. Mr Ibson asks, "Now, little man, what's the matter[9] with _____ (8)?" Peter shows _____ (9) his bad[10] tooth.

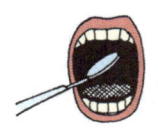

"Oh, dear," Mr Ibson says, and gives _____ (10) an injection[11]." _____ (11) am afraid[12], _____ (12) must take _____ (13) out."

1 Zahnschmerzen	5 Wartezimmer	9 was ist los
2 schickt	6 Patienten	10 schlechten
3 Zahnarzt	7 Schwierigkeiten	11 Spritze
4 ältere	8 Dann ist Peter an der Reihe.	12 befürchte

29 Und nun verändern wir die Situation etwas. Diesmal soll Jenny, Peters ältere Schwester, selbst Zahnschmerzen haben.
Setze wieder die passenden Personalpronomen ein!

You know[1] _____ (1) already[2]. This is Jenny, Peter's sister. _____ (2) has got toothache.

Her mother sends _____ (3) to the dentist. Peter is going with _____ (4).

The waiting room is empty[3]. "I think, _____ (5) must recognize[4] _____ (6)," Jenny says to Peter.

Then the dentist's assistant[5] asks[6] _____ (7) to come in.

"Oh, Peter again, what's wrong with you[7]?" _____ (8) says. "Nothing[8], Jenny has got a bad tooth." – "Aha," Mr Ibson says, "let _____ (9) see, Jenny. Open your mouth[9]." He is looking into _____ (10) mouth. Then[10] _____ (11) laughs[11]. "That's nothing serious[12], _____ (12) 're getting[13] a new tooth – it's a wisdom tooth[14]."

Mr Ibson

1 kennst	6 bittet	11 lacht
2 schon	7 was fehlt dir	12 Ernstes
3 leer	8 nichts	13 bekommst
4 wiedererkennen	9 Mund	14 Weisheitszahn
5 Zahnarzthelferin	10 Dann	

Test 2 (Persönliche Fürwörter)

Vervollständige die Kurzantworten!

1. Is John at home? Yes, _____ is.

2. Is Elizabeth your friend? No, _____ isn't.

3. Have you got a new blouse[1]? Yes, _____ have.

4. Are these shoes[2] new, too? No, _____ aren't.

5. Have you and your parents[3] got your own[4] house?

   Yes, _____ have.

6. Is that bird[5] a blackbird[6]? Yes, _____ is.

7. Is this Margaret's dog Prince? Yes, _____ is.

Setze die richtigen persönlichen Fürwörter ein!

8. Mr Crocket is your teacher. You have to obey[7] _____.

9. I can show you the Crown Hotel. Follow[8] _____, please.

10. Look, that's a nice little mouse. _____ name is Fred.

11. Give _____ your address. We want to write[9] you a postcard.

12. Mary is too[10] young. You can't send _____ to the supermarket.

13. Oh, these flowers[11] are very nice. Let's put _____ in a vase at once[12].

14. Give me the purse[13]. I want to pass _____ on[14] to Kathy.

Die Lösungen findest du auf der vorletzten Seite des Lösungsteils in der Mitte des Heftes.

---

1 Bluse	6 Amsel	11 Blumen
2 Schuhe	7 gehorchen	12 sofort
3 Eltern	8 Folge	13 Geldbeutel
4 eigenes	9 schreiben	14 weitergeben
5 Vogel	10 zu	

3. Wie man Besitz ausdrücken kann

Besitzanzeigende Fürwörter (Possessivpronomen)

30 **Possessivpronomen** sagen etwas über Besitzverhältnisse aus. Lies folgende Sätze! Die besitzanzeigenden Fürwörter sind grün gedruckt.

Einzahl

Ich sage, dass das mein Auto ist.
This is **my** car.

Ich sage, dass dies dein Buch ist.
This is **your** book.

Ich sage, dass das Auto einer männlichen Person gehört.
That's **his** car.

Ich sage, dass das Auto einer weiblichen Person gehört.
That's **her** car.

Ich sage, dass der Knochen einem Tier gehört.
This is **its** bone.

Auf der nächsten Seite findest du die Possessivpronomen in der Mehrzahl.

Mehrzahl

Ich sage, dass das unser Auto ist.
This is **our** car.

Ich sage zu mehreren Personen, dass das Auto ihnen gehört.
That's **your** car.

Ich sage, dass das Auto mehreren Personen gehört.
That's **their** car.

Tipps zum Lernen:

▶ Decke mit der Hand alle Sätze mit den besitzanzeigenden Fürwörtern ab!

▶ Schau ein Bild an und sage den Satz dann auswendig auf!

▶ Arbeite erst weiter, wenn du keinen Fehler mehr machst!

31 Schreibe nun neben die persönlichen Fürwörter die besitzanzeigenden Fürwörter! Fülle auch die Lücken in den Beispielsätzen!

		Persönliche Fürwörter		besitz-anzei-gende Fürwörter	Beispiele
		Subjekt	Objekt		
Einzahl	1. Person	I	me	my	1. __I__ 've got a bike. It's __my__ bike.
	2. Person	you	you	_____	2. _____ 've got a doll. It's _____ doll.
	3. Person	he	him	_____	3. _____ 's got a dog. It's _____ dog.
		she	her	_____	4. _____ 's got a new dress. It's _____ dress.
		it	it	_____	5. _____ 's got a ball. It's _____ ball.
Mehrzahl	1. Person	we	us	_____	6. _____ 've got a new house. It's _____ house.
	2. Person	you	you	_____	7. _____ 've got homework. It's _____ homework.
	3. Person	they	them	_____	8. _____ 've got a boat. It's _____ boat.

32 Diese Personen leben in verschiedenen Ländern. Weißt du, welche Sprache sie sprechen? Ergänze die Wörter aus dem farbigen Feld!

Her – I – I – English – His – ~~She~~ – French – German – He – My

This is Madame Canard. ___She___ (1) lives in Paris.

_____ (2) language[1] is _____ (3).

_____ 'm (4) Mr Voss.

_____ (5) live in the U.S.A.

_____ (6) language is _____ (7).

This is Herr Robatscher. _____ (8) lives in Austria.

_____ (9) language is _____ (10).

33 Setze auch hier die Wörter passend in die Lücken ein!

We – Their – We – They – Our – English – German

This is* Herr and Frau Unterreiner.

_____ (1) live in Salzburg.

_____ (2) language is _____ (3).

_____ (4) are the McGregors.

_____ (5) live near Glasgow, Scotland.

_____ (6) language is _____ (7).

And you? Where do you live?

Schreibe auf, in welchem Ort du lebst und was deine Muttersprache ist.

_____ (8) live in _____ (9).

_____ (10) language is _____ (11).

* Hier benutzt man *is*, weil die zwei Personen als ein Ehepaar gesehen werden.

1 Sprache

34 Übersicht: Possessivpronomen

Bisher hast du besitzanzeigende Fürwörter kennen gelernt, die zusammen **mit einem Nomen** verwendet werden. Es gibt aber auch besitzanzeigende Fürwörter, die **allein stehen**, z. B. am Schluss eines Satzes.

		besitzanzeigendes Fürwort **mit einem Nomen**	besitzanzeigendes Fürwort, **das allein steht**
Einzahl		This is **my** watch. ⟶	It's **mine**. (meine)
		This is **your** watch. ⟶	It's **yours**. (deine)
		This is **his** watch. ⟶	It's **his**. (seine)
		This is **her** watch. ⟶	It's **hers**. (ihre)
		This is **its** watch. ⟶	(Diese Form gibt es nicht.)
Mehrzahl		This is **our** clock. ⟶	It's **ours**. (unsere)
		This is **your** clock. ⟶	It's **yours**. (eure)
		This ist **their** clock. ⟶	It's **theirs**. (ihre)

35 Ein Lehrer hat zwei Bücher ohne Namen in der Hand und weiß nicht, wem sie gehören. Jetzt fragt er die Schüler. Setze die fehlenden Fürwörter ein!

we – **our** – **ours**   you – **your** – **yours**   they – **their** – **theirs**

Books without[1] names

Teacher: Jim and Mike, are these[2] _____ (1) books?

Jim and Mike: No, Sir, _____ (2) aren't _____ (3).

Teacher: Or are _____ (4) _____ (5),

                       Mandy?

Mandy: Ah, yes, I've already[3] missed[4] them.

Teacher: They are both[5] without names.

                       That's bad.

---

1 ohne   3 schon   5 beide
2 dies   4 vermisst

36 Write your names on your papers

Teacher:	I've got two papers without names.
	Are they _____ (1), Tim and Liz?
Liz:	May I have a look[1], please?
	Yes, this[2] is _____ (2), and that's _____ (3), Tim.
Tim:	No, Liz, you're wrong, it isn't _____ (4).
	I've got my paper already.
	But Maggie is ill[3] today[4], perhaps[5] it's _____ (5).
Teacher:	I see. It must[6] be _____ (6). I'll ask her.

Der Besitzfall bei	**Lebewesen**	$\longrightarrow$	**s-Genitiv**
bei	**Dingen**	$\longrightarrow$	**of-Genitiv**

37 Besitzfall/Wessenfall (Genitiv) bei einer Person oder einem Tier

Wenn sich der Besitz auf eine Person oder ein Tier bezieht, kann er ähnlich wie im Deutschen durch das Anhängen eines **-s** ausgedrückt werden:

	Person	**Tier**
Deutsch:	Peter**s** neues Sweatshirt ist blau.	Die Augen meines Kaninchen**s** sind rot.
Englisch:	Peter**'s** new sweat-shirt is blue.	My rabbit**'s** eyes are red.

Beachte: Im Gegensatz zum Deutschen setzt man im Englischen einen **Apostroph**.

Übersetze und ergänze die Lücke!

Der rechte Fuß der Katze ist geschwollen.

1. _____ right leg is swollen.

Herrn Müllers Haus ist sehr groß.

2. _____.

---

1 darf ich mal sehen   3 krank   5 vielleicht
2 dies   4 heute   6 muss

38 Diese Regel gilt auch bei Personennamen, die mit einem **Zischlaut** ([s], [ʃ] usw.) enden.

St. James**'s** Park is a big park in London.
Aussprache: [ˈdʒeɪmzɪz]

Al**ice's** dress is beautiful.
Aussprache: [ˈælɪsɪz]

Setze die folgenden Namen im Besitzfall (Genitiv) ein!

1. _____ parents[1] are on holiday for a week.
(Ross)

2. _____ guinea pig[2] is white and black.
(Iris)

39 **Besitzfall/Wessenfall (Genitiv) bei mehreren Personen**

Einzahl

Mr **Brown's** car is very nice.

Mr Brown's car

Mehrzahl

The **Millers'** car is very nice, too.

The Millers' car

Ergänze den Merksatz!

Für den Besitzfall (Genitiv) bei **mehreren Personen** gilt folgende Regel:

Den Apostroph setzt man _____,

das Genitiv-s _____.

---

1 Eltern   2 Meerschweinchen

40 Übersetze! Achte auf den Apostroph!

1. Das Baby der Barkers ist ein Junge.

_____ baby is a boy.

2. Die Klasse der Mädchen ist sehr groß.

_____ class is very big.

3. Die Autos der Lehrer sind alt.

_____ cars are old.

4. Das Futter der Katzen ist in den Dosen.

_____ food is in the tins.

41 **Besonderheit:**
Genitiv-s bei Wörtern mit unregelmäßiger Mehrzahlbildung

Wörter mit unregelmäßiger Mehrzahlbildung hängen in der **Mehrzahl kein** -s an. Im Genitiv (Wessen-Fall) sehen sie so aus:

The gentlemen's hobbies are interesting.
Die Hobbys der Männer sind interessant.

Bilde nach diesem Beispiel Sätze!

1. Die Hüte der Frauen sind modern.

The _____ hats are modern.

2. Die Wolle der Schafe ist schmutzig.

The _____ wool is dirty.

3. Die Spiele der Kinder sind auf dem Regal.

The _____ games are on the shelf.

42 **Übersicht: s-Genitiv**

Besitzfall bei einer Person	Name endet mit einem Zischlaut: [s], [ʃ]	Besitzfall bei mehreren Personen
This is Peter's dog.	Liz's last film was very good.	The Hunts' new house is nice. (nur Apostroph!)

Kreuze jeweils das richtige Wort an!

1. Jenny has got a new bike.
(X) Jenny's
◯ Jennys'   ⟶ bike is red.
◯ Jennys's

2. The Colman family has got a new swimming pool.
◯ The Colman's
◯ The Colmans'   ⟶ swimming pool is fantastic.
◯ Colmans's

3. Mrs Black has got a new hat.
◯ Mrs Black's
◯ Mrs Blacks'   ⟶ new hat is funny.
◯ Mrs Blacks's

4. Frances has got a new dress.
◯ Frances
◯ Frances's   ⟶ new dress is very nice.
◯ Frances'

43 Kreuze auch hier wieder das richtige Wort an!

1. Chris is a new boy in our class.
◯ Chris
◯ Chris'   ⟶ hair is dark, not fair[1].
◯ Chris's

2. Mr Jones has got a thick dictionary[2].
◯ Mr Jones
◯ Mr Jones's   ⟶ dictionary is lying on the desk.
◯ Mr Jones'

3. The Graves family lives in a new house.
◯ The Graves
◯ The Graves'   ⟶ house is one year old.
◯ The Graves's

---

1 blond   2 Wörterbuch

44 Das Genitiv-s (Besitzfall-s) wird nicht nur im Zusammenhang mit Namen verwendet. Ordne die englischen und deutschen Sätze richtig zu!

Zum Beispiel: 1. _c_   2. _____   3. _____   4. _____

1. The **farmers'** crops are very poor.

2. The **farmer's** crops are very poor.

3. **The Englishman's** favourite drink is tea.

4. **The Englishmen's** favourite drink is tea.

a) Die Ernten **des Bauern** sind sehr schlecht.

b) Das Lieblingsgetränk **der Engländer** ist Tee.

c) Die Ernten **der Bauern** sind sehr schlecht.

d) Das Lieblingsgetränk **des Engländers** ist Tee.

45 Ordne wieder richtig zu!

1. The **climbers' rucksacks** are on their backs.

2. The **climber's rucksack** is on his back.

3. **Pilots' salaries** are very high.

4. **This pilot's salary** is very high.

a) Die **Rucksäcke der Kletterer** sind auf ihren Rücken.

b) **Das Gehalt von Piloten** ist sehr hoch.

c) **Das Gehalt dieses Piloten** ist sehr hoch.

d) Der **Rucksack des Kletterers** ist auf seinem Rücken.

1. _____   2. _____   3. _____   4. _____

46 **Besitzfall/Wessenfall (Genitiv) bei Gegenständen**

Der Genitiv kann bei **Gegenständen** nicht mit **'s** ausgedrückt werden. Man muss in der Regel *of* benützen. (Ausnahme: Ländernamen)

1. The front tyre **of my bike** is flat.
   Der Vorderreifen meines Fahrrads ist platt.

2. The doors **of their house** are red.
   Die Türen ihres Hauses sind rot.

Setze das fehlende Wort ein!

Der Genitiv (Wessen-Fall) bei **Dingen** wird in der Einzahl und Mehrzahl mit „_____" gebildet.

47 Bilde nun Sätze mit dem of-Genitiv!

1. Der Klang[1] dieses alten Radios ist sehr schlecht.

   The sound of this old radio is very bad.

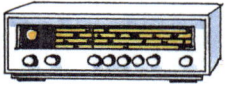

2. Ein Bein[2] dieses[3] Tisches ist zu kurz.

   _____ is too short.

3. Die Linse[4] dieser Kamera[5] ist nicht sauber.

   _____ is not clean.

4. Ist die Farbe[6] deines Rades rot?

   Is _____ red?

5. Ist die Farbe des neuen[7] Tisches schwarz?

   Is _____ table black?

6. Die Tür des Busses ist noch offen.

   _____ is still open.

7. Die Getränke[8] dieser Firma[9] sind sehr teuer.

   _____ are very expensive.

---

1 sound	4 lens	7 new
2 leg	5 camera	8 drinks
3 this	6 colour	9 firm

48 Und nun eine vermischte Übung zur Frage: *'s* oder *of*?
Denke dabei auch an die Sonderfälle beim Genitiv-s!

1. ___Charles's jeans___ are on the
   clothes line.

2. _____
   arrived last Monday.

3. _____
   is very high.

4. _____ is
   in the pot.

garage

Mr and Mrs Cameron

5. _____

is very small.

handlebars

bike

6. _____

are very rusty[1].

photos

Mr Ellis

7. _____

are very interesting.

gentlemen

shops

8. _____

are in Salzburg.

Test 3 (Wie man Besitz ausdrücken kann)

Schau dir die Bilder an und vervollständige die Sätze!

Beispiel: Tracy

Tracy's (1) dress is very nice.

Her (2) dress is white with red flowers.

huskies   Mr Norris

_____ (3) dogs are huskies.

_____ (4) dogs are very strong.

children

This is _____ (5) new teacher.

_____ (6) teacher last year was

Mr Edwards.

Mrs and Mr Green

The _____ (7) house is near London.

_____ (8) son Marc has to go by bus

every day. They say, " _____ (9) son Marc

goes to work by bus."

Gentiv: -s', oder -'s oder of?

10. brother/keys   We can't find my _____ .

11. seats[1]/bus   The children stood[2] on the _____

_____ .

12. key/car   Father can't find the _____ .

___

1 Sitze   2 standen

13. dog/kennel[1] _____ was

empty[2] in the morning.

14. parents/bedroom My _____ is upstairs.

Suche die passenden besitzanzeigenden Fürwörter!

Beispiel:

It's a nice cat, isn't it?

It's __mine__ (15).
(my cat)

Look, Christine has a nice necklace.

But it isn't _____ (16).
(her necklace)

It's her mother's.

Look, this is Philip with his new motor-

bike. But it isn't _____ (17).
(his motorbike)

It is his father's.

This is the Perkins' caravan.

_____ (18) is over there.
(Our caravan)

"Oh, what a nice sailing boat.

Is it _____ (19)?"
(your sailing boat)

"Yes, it is. It's about 25 feet long. But the
Turners' boat over there is longer.

_____ (20) is about 30 feet long."
(Their boat)

4. to be – to have

Konjugation (Beugung) von *to be*

49 Schau dir zunächst folgende Situationen an, bei denen Brian verschiedene Formen von *to **be*** (sein) benützt!

Brian is on a camping site[1] in France. Let's meet[2] him and his friends from all over Europe[3].

Hier stellt sich Brian selbst und seine Bekannten vom Campingplatz vor:

I **am** Brian Tucker.
I **am** from Australia.

She **is** Jacqueline Bigaud.
She **is** from France.

Arbeite auf der nächsten Seite weiter!

---

1 Campingplatz   2 treffen   3 aus ganz Europa

> He **is** Moritz Bauer.
> He **is** from Austria[1].

> They **are** Dolores and Juanita.
> They **are** from Spain[2].

Du hast jetzt vier gebeugte Formen von *to be* (sein) kennen gelernt. Sie sind rot gedruckt. Sehr häufig werden hierfür Kurzformen benutzt.

Suche die Langform aus obigen Sätzen heraus und schreibe sie neben die unten angegebene Kurzform! Übersetze sie auch!

Langform	Kurzform	deutsch
1. _____	I'm	ich bin
2. _____	he's	_____
3. _____	she's	_____
4. _____	they're	_____

50 Und hier trifft Brian zwei junge Amerikanerinnen.

Brian: Oh, **what's** that?
Emily: It's a tortoise[1].
We've just found[2] it under that bush[3].
Is it yours?
Brian: No, it isn't ours.
Are you English?
Emily: No, **we're** from the States[4]. I'm Emily and this is my sister Marilyn.

In diesem Dialog wurden wieder Formen von *to **be*** (sein) verwendet. Du findest in folgendem Text die Langform und die deutsche Übersetzung. Trage die Kurzform ein! Achtung: Manchmal gibt es keine Kurzform.

Langform	Kurzform	deutsch
1. What is that?	_____ that?	Was ist das?
2. Is it yours?	xxxxxxxxxx	Gehört sie dir? (Wörtlich: Ist es deine?)
3. It is a tortoise.	_____ a tortoise.	Es ist eine Schildkröte.
4. Are you ...?	xxxxxxxxxx	Seid ihr ...?
5. We are ...	_____	Wir sind ...
6. This is ...	xxxxxxxxxx	Das ist (dies ist) ...

---

1 Schildkröte
2 gefunden
3 Busch
4 Vereinigte Staaten

51 Brian hat dir jetzt schon viele Bekannte vom Campingplatz vorgestellt. Nun möchte er dich kennen lernen. Kannst du ihm schon antworten? Benütze die Kurzform!

Who are you?

1. __I_____

Schreibe auf, wer du bist!

2. __I_____from_____

Schreibe auf, welches dein Heimatland ist!

52 Übersicht zu *to be*: **Langform** und **Kurzform**. Ergänze die Tabelle!

		Langform	Kurzform	deutsch
Einzahl	1. Person	I _am_____	____I'm_____	ich bin
	2. Person	you _____	_____	du bist
	3. Person	he _____	_____	er ist
		she _____	_____	sie ist
		it _____	_____	es ist
Mehrzahl	1. Person	we _____	_____	wir sind
	2. Person	you _____	_____	ihr seid
	3. Person	they _____	_____	sie sind

Tipp zum Lernen:

▶ **Vergleiche** sorgfältig mit den Lösungen!

▶ **Lerne** zuerst die Langformen, dann die Kurzformen **auswendig**! Arbeite erst weiter, wenn du die Formen durcheinander beherrschst!

53 Ergänze die folgenden Sätze mit gebeugten Formen von *to be*!

Sportsmen and Sportswomen

_____ you (1) a sportsman?

Yes, I _____ (2) a boxer.

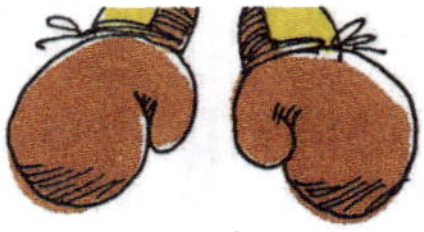

This _____ (3) Andy Sanders.

He _____ (4) a good footballer.

She _____ (5) 30 years old.

But she _____ (6) a very good runner.

We _____ (7) the Canadian ice hockey team.

We _____ (8) on a tour in Europe.

These _____ (9) two Australian tennis players.

They _____ (10) the best in the world at

the moment[1].

1 im Augenblick

54 Formen von **to be** benützt man auch in Fragesätzen und bei der Progressive-Form. Es kommt immer darauf an, welches **persönliche Fürwort** dabeisteht. (Sieh dir dazu noch mal die Lernschritte **18-22** an.)

Wiederholung: Personalpronomen

Männliche Personen könnte man durch **he**, **weibliche** durch **she**, **Dinge** durch **it** und **mehrere Personen und Dinge** durch **they** ersetzen.

_____ **you** (1) at home this evening?

No, **I** _____ (2) seeing friends.

_____ (3) **Mr Haxter** an old man?

Yes, **he** _____ (4) 85 years old.

This _____ (5) **Mrs Dominey**.

She _____ (6) cooking dinner.

These _____ (7) **Terry's friends**.

They _____ (8) playing football.

We _____ (9) making a pudding. We like pudding.

Konjugation (Beugung) von *to have*

55 Auch das Verb *to have* (haben) gibt es in der **Langform** und in der **Kurzform**. Beim Sprechen benützt man heute fast nur die **Kurzform**.

Übersicht: Formen von t*o have*

		Langform	Kurzform	deutsch
Einzahl	1. Person	I **have (got)**	I**'ve got**	ich habe
	2. Person	you **have (got)**	you**'ve got**	du hast
	3. Person	he she **has (got)** it	he**'s got** she**'s got** it**'s got**	er hat sie hat es hat
Mehrzahl	1. Person	we	we**'ve got**	wir haben
	2. Person	you **have (got)**	you**'ve got**	ihr habt
	3. Person	they	they**'ve got**	sie haben

Beachte:
Du kannst entweder das Vollverb *have/has* benutzen oder die Form *have got / has got* (vor allem im britischen Englisch). Bei der Kurzform wird *got* immer ergänzt.

Lies dir die Übersicht genau durch! Vervollständige dann folgenden Satz:

Das Wort für „haben" (*to have*) lautet im Englischen für die 3. Person in der Einzahl in der Langform entweder _____ oder _____,

für alle anderen Personen in der Langform _____ oder _____.

In der Kurzform sagst du _____ oder _____.

Wichtige Grammatikbereiche

Englisch 5. Klasse

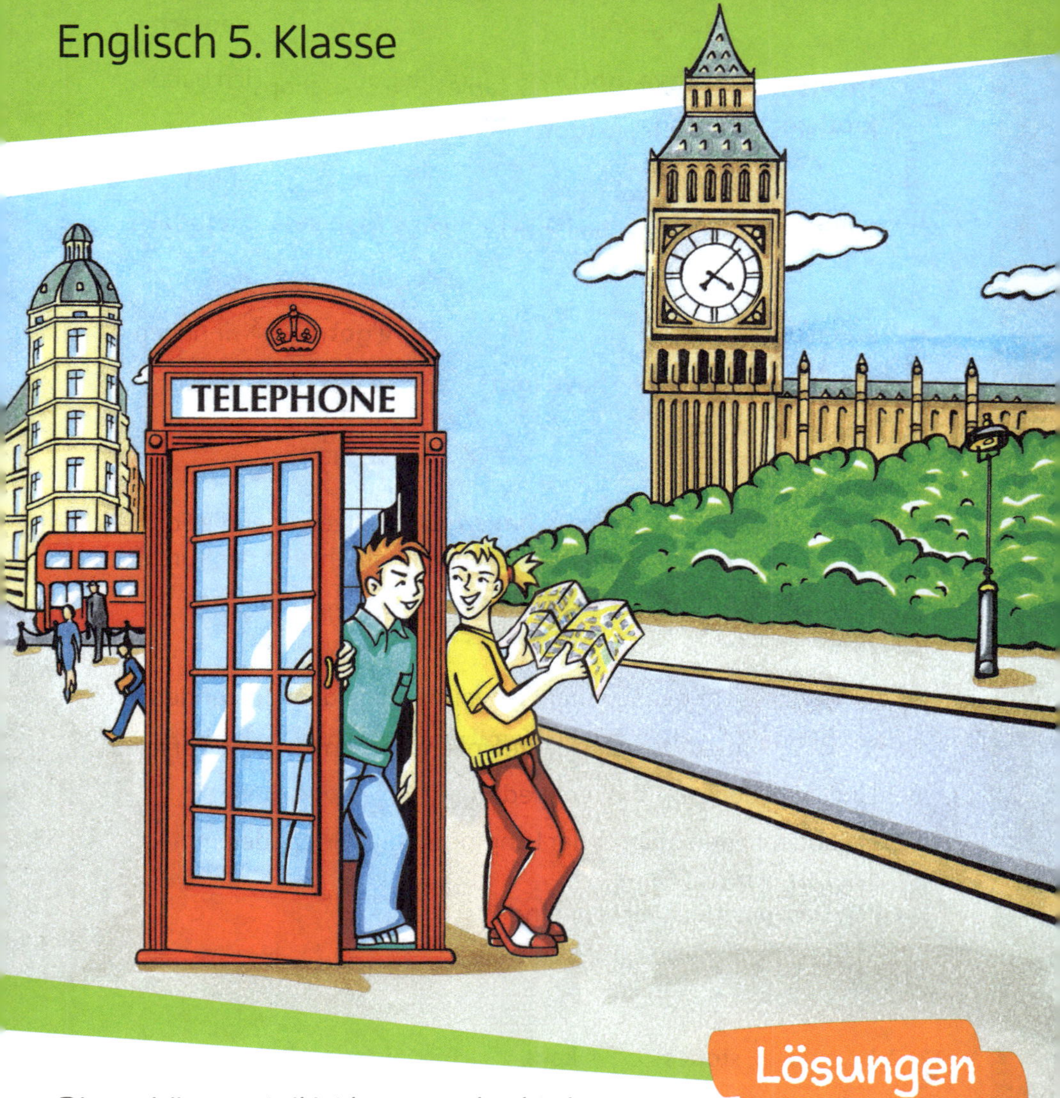

Lösungen

Dieser Lösungsteil ist herausnehmbar!
Klammern in der Mitte des Heftes öffnen!

1
2. football   4. bike   7. books
3. bow   6. dolls   8. games

2
Um die Mehrzahl zu bilden, muss man an das Wort in der Einzahl ein -s anhängen.

3
2. streets   4. teams   6. tables   8. shops
3. brothers   5. girls   7. bedrooms

4
1. garden   2. cars   3. flat ... rooms   4. bikes ... motorbike

5
1. ◯ doctor   6. ⊗ garage [ˈgæraːʒ]
2. ◯ kitchen   7. ◯ chair
3. ⊗ box [bɒks]   8. ⊗ office [ˈɒfis]
4. ◯ cinema   9. ⊗ match [mætʃ]
5. ⊗ glass [glaːs]   10. ◯ bottle

6
2. two watch**es**   4. five dress**es**   6. ten bridg**es**
3. three box**es**   5. two class**es**

7
d**a**y, chimn**e**y   facto**r**y, fami**l**y, la**d**y, count**r**y, ba**b**y, lor**r**y

8
Das -**y** bleibt erhalten.   Das -**y** wird zu einem -**ie**.
Oder: Das -**y** bleibt ein -**y**.
Oder: Das -**y** hat sich nicht verändert.
(Auch sinngemäße Antworten sind richtig.)

9
2. toys   3. stories   4. keys   5. ponies   6. diaries

10

Gruppe 1 -os	Gruppe 2 -oes
	x
x	
x	
	x
x	

Gruppe 1 -os	Gruppe 2 -oes
	x
	x
x	
x	

Studios:		s	t	u	d	i	o	s		
Fotos:	p	h	o	t	o	s				
Mücken:			m	o	s	q	u	i	t	o	e	s
Radios:		r	a	d	i	o	s			
Kartoffeln:	p	o	t	a	t	o	e	s		
Kilos:	k	i	l	o	s					
Helden:		h	e	r	o	e	s			
Discos:	d	i	s	c	o	s				

Lösung: tomatoes

11   2. cliffs   3. roofs   4. safes

12   2. wives   3. halves   4. calves   5. leaves

13

Zwerge:	d	w	a	r	f	s	
Wölfe:			w	o	l	v	e	s
Jungen:			b	o	y	s	
Klippen:	c	l	i	f	f	s	
Schlüssel:		k	e	y	s		

14   2. knife   4. shelves   6. leaves
3. wolves   5. dwarf   7. scarves

15 2. women   4. gentlemen   6. geese   8. fish   10. sheep
3. men   5. teeth   7. mice   9. feet

16 (window) 3 window**s** (Fenster)
(bush) 3 bush**es** (Büsche)
(lorry) 3 lorr**ies** (Lastwagen)
(potato) 4 potat**oes** (Kartoffeln)
(leaf) 4 lea**ves** (Blätter)
(foot) 2 f**ee**t (Füße)

17 (book) 3 book**s** (Bücher)
(match) 3 match**es** (Streichhölzer)
(boy) 2 bo**ys** (Jungen)
(piano) 2 piano**s** (Klaviere)
(roof) 3 roof**s** (Dächer)
(fish) 2 fish (Fische)

18 she

19 she (Ann)   her (Ann)

21 1. He   3. She   5. They   7. They   9. I
2. She   4. They   6. It   8. We   10. I

22

	Männliche Person	Weibliche Person	Tier, Pflanze, Ding	Einzahl	Mehrzahl
1. She		x		x	
2. He	x			x	
3. It (eine Pflanze)			x	x	
4. They (mehrere)	x				x
5. They (mehrere)			x		x
6. They (zwei Personen)	x	x			x
7. She		x		x	
8. It (ein Tier)			x	x	
9. She		x		x	
10. It (ein Gegenstand)			x	x	
11. He	x			x	

23 2. He/He   3. She   4. He

24 1. I   2. He   3. He   4. They   5. She   6. we   7. you

26 1. me   2. us   3. them   4. her   5. him

27 2. them   3. us   4. him   5. her

28 1. He   3. him (us)   5. She   7. They   9. him   11. I   13. it
2. him   4. him   6. them   8. you   10. him   12. I

29 1. her   3. her   5. he   7. them   9. me   11. he
2. She   4. her   6. us   8. he   10. her   12. you

31

your	2. **You**'ve got a doll.	It's **your** doll.
his	3. **He**'s got a dog.	It's **his** dog.
her	4. **She**'s got a new dress.	It's **her** dress.
its	5. **It**'s got a ball.	It's **its** ball.
our	6. **We**'ve got a new house.	It's **our** house.
your	7. **You**'ve got homework.	It's **your** homework.
their	8. **They**'ve got a boat.	It's **their** boat.

32 2. Her   4. I   6. My   8. He   10. German
3. French   5. I   7. English 9. His
(Natürlich könnten die Personen auch eine andere Sprache als die
Landessprache sprechen.) Beachte: Sprachen schreibt man groß!

33 1. They   4. We/They   7. English   10. My
2. Their   5. We/They   8. I   11. *deine Muttersprache*
3. German   6. Our/Their   9. *Name deines Heimatortes*

35 1. your   2. they   3. ours   4. they   5. yours

36 1. yours   2. mine   3. yours   4. mine   5. hers   6. hers

37 1. The cat's   2. Mr Miller's house is very big.

38 1. Ross's [ˈrɒsɪz]   2. Iris's [ˈaɪrɪsɪz]

39 Den Apostroph setzt man **nach dem Mehrzahl-s**, das Genitiv-s **fällt weg (verschwindet, gibt es nicht mehr** ...).

40 1. The Barkers'   2. The girls'   3. The teachers'   4. The cats'

41 1. women's   2. sheep's   3. children's

42 2. ⊗ The Colmans'   3. ⊗ Mrs Black's   4. ⊗ Frances's

43 1. ⊗ Chris's   2. ⊗ Mr Jones's   3. ⊗ The Graves'

44 2. a   3. d   4. b   **45** 1. a   2. d   3. b   4. c

46 of

47 2. One leg of this table ...   5. ... the colour of the new ...
3. The lens of this camera ...   6. The door of the bus ...
4. ... the colour of your bike ...   7. The drinks of this firm ...

48 2. Aunt Pamela's postcard
3. The chimney of the (this) house
4. The dog's food
5. The Camerons' garage oder Mr and Mrs Cameron's garage
6. The handlebars of the (this) bike
7. Mr Ellis's photos
8. The gentlemen's shops

49 1. I am   2. he is – er ist   3. she is – sie ist   4. they are – sie sind

50 1. What's   2. xxx   3. It's   4. xxx   5. We're   6. xxx

51 1. I'm ...   2. I'm from ...

52

Langform	Kurzform
I am	I'm
you are	you're
he is	he's
she is	she's
it is	it's
we are	we're
you are	you're
they are	they're

53
1. **Are** you
2. **I'm** oder **I am**
3. This **is**
4. **He's** oder **He is**
5. She's oder She **is**
6. she's oder she **is**
7. We're oder We **are**
8. We're oder We **are**
9. These **are**
10. They're oder They **are**

54
1. **Are**
2. I'm oder I **am**
3. **Is**
4. he's oder he **is**
5. This **is**
6. She's oder She **is**
7. These **are**
8. They're oder They **are**
9. We're oder We **are**

55 ... in der Langform entweder **has** oder **has got**, für alle anderen Personen in der Langform **have** oder **have got**.
In der Kurzform sagst du **'s got** oder **'ve got**.

56
1. I've got
2. She's got
3. He's got
4. They've got
5. We've got
6. It's got

57 2. <u>Have</u> ... Yes, **they have**. 5. <u>Has</u> ... Yes, **he has**.
3. <u>Has</u> ... Yes, she **has**. 6. <u>Has</u> ... No, it **hasn't**.
4. <u>Have</u> ... No, **they haven't**.

58 2. Yes, they have. 5. Yes, he is. 8. Yes, she is.
3. Yes, they are. 6. Yes, they have. 9. No, it isn't.
4. No, he isn't. 7. No, they aren't.

59 2. Are 6. Is 10. Have you got
3. Are 7. Is your 11. Have you got
4. Have you got 8. Are you 12. Is this
5. Have you got 9. Are you

Anmerkung:
Anstelle von **Have you got ...** kannst du auch **Do you have ...** fragen.

61 14 keys 16 geese 18 feet 20 fish
15 flies 17 women 19 children

62 30 thirty 50 fifty 80 eighty
40 forty 60 sixty 90 ninety
70 seventy 100 one hundred

63

twenty-eight	28	
ninety-nine	**99**	
a hundred	**100**	
eleven	**11**	
seventy	**70**	
thirteen	**13**	
eighty-two	**82**	
nineteen	**19**	
forty-five	**45**	
thirty-three	**33**	
fifty-one	**51**	
sixty-seven	**67**	
eighty-five	**85**	

fifty **50**   fifteen **15**

sixty-three **63**   thirty-six **36**

1	2	3	4	5	6	7	8	9	10
11	12	13	14	15	16	17	18	19	20
21	22	23	24	25	26	27	28	29	30
31	32	33	34	35	36	37	38	39	40
41	42	43	44	45	46	47	48	49	50
51	52	53	54	55	56	57	58	59	60
61	62	63	64	65	66	67	68	69	70
71	72	73	74	75	76	77	78	79	80
81	82	83	84	85	86	87	88	89	90
91	92	93	94	95	96	97	98	99	100

64 2. five o'clock   3. It's nine o'clock.

65

66

67 Von zehn (MInuten) vor zwei (Uhr) bis zwei (Minuten) vor zwei (Uhr):
Es sind **8 Minuten** (eight minutes) vergangen.

68 2. twenty to twelve   4. ten past nine   6. quarter past seven
3. half past four   5. sixteen minutes to eleven   7. half past eight

69 ... 9 Uhr abends (nachts)/21 Uhr ...

70

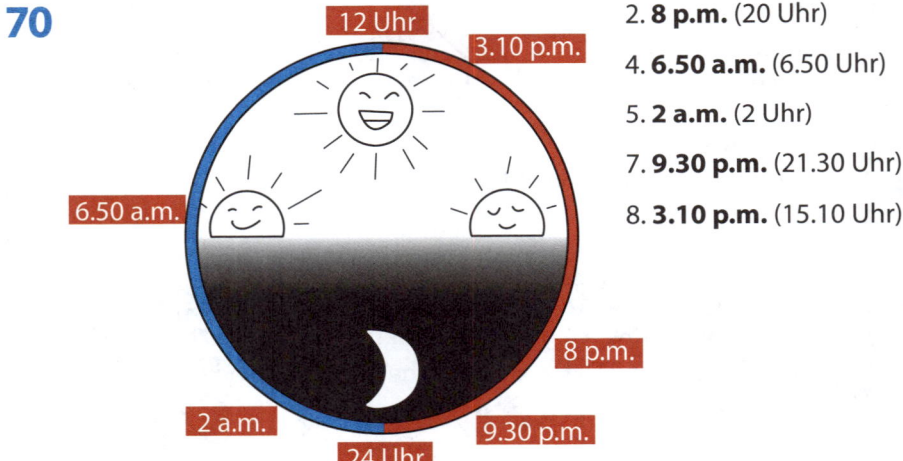

2. **8 p.m.** (20 Uhr)

4. **6.50 a.m.** (6.50 Uhr)

5. **2 a.m.** (2 Uhr)

7. **9.30 p.m.** (21.30 Uhr)

8. **3.10 p.m.** (15.10 Uhr)

71 1. 12.13 Uhr   3. 23.30 Uhr   5. 18.05 Uhr
2. 15.53 Uhr   4. 14.45 Uhr   6. 22.15 Uhr

72 1. morning   2. afternoon   3. 8 until 11.30 in the morning

73 Open:

1. Tue – Fri	5 p.m.	–	11 p.m.
2. Sat	11.30 a.m.	–	10 p.m.
3. Sun	10.30 a.m.	–	11.30 p.m.
4. Lunch	11.45 a.m.	–	2 p.m.
5. Dinner	6.30 p.m.	–	10.30 p.m.

75 2. Flash 1st   3. Bessy 5 th   4. Snowdrop 2nd   5. Racer 4th

76 2. second   5. fifth month   8. The eighth   11. The eleventh
3. third   6. sixth   9. The ninth month 12. The twelfth
4. fourth   7. seventh month 10. The tenth

77 groß
~~klein~~

January, February, March, April, May, June, July, August, September, October, November, December

78 January 15th, 1967   **79** May 2nd, 2008

80 2. January 4th, 1643   3. February 22nd, 1732

81 Hoffentlich kennst du auch das Geburtsdatum deiner Mutter, deines Vaters und das heutige Datum. Vergleiche die Schreibweise mit der Aufgabe **78**!

82 31st / 49th / 60th / 72nd / 43rd / 100th

second	2nd	thirty-three	**33**
fourteen	14	eleventh	**11th**
twenty	**20**	forty-first	**41st**
fifteenth	**15th**	sixty-six	**66**
fiftieth	**50th**	eighty-seven	**87**

84 1. in   2. into

85 1. hinein   2. befindet sich (ist)

86
1. ... is (standing) **in** the garage.
2. ... **into** the garage.
3. ... **in** ...
4. The cat is **in** the basket.
5. Nigel and David are carrying a ladder **into** the shed.

87
1. into   2. out of

88
1. into   2. out of   3. out of   4. into

89
1. at   3. at   5. in   7. at
2. in   4. in   6. in

90
1. Jenny   2. Ron   3. Anne   4. Graham

91
1. in front of   3. on   5. under
2. behind   4. behind   6. under

92
B 1. ...   **A** 2. ...

93
1. to   2. into   3. in front of   4. in   5. out of

94
1. in   2. into   3. to   4. in front of

95
1. down   2. up   3. round

96
1. up   3. up   5. up
2. down   4. down   6. down

97
1. round   3. in front of   5. under
2. behind   4. on   6. to

98
2. **at** noon
3. **in** the afternoon

4. **in** the evening
5. **at** night

6. **at** midnight

99
2. **at** noon
3. **in the** afternoon

4. **in the** evening
5. **at** night

6. **at** midnight

100
– I get up at 9 o'clock.
– I have breakfast at 20 past nine.
– I have lunch at half past twelve.
– I sit down and read my newspaper at two o'clock.
– I have tea at quarter past five.
– I switch the television on at quarter to six.
– I go to bed at eleven o'clock.

101
2. I have breakfast at (a) quarter to seven.
3. I go to work at seven.
4. I arrive at my office at ten to eight.
5. I start work at eight.
6. I make coffee at twenty past eight.

102 2. at   3. at

103 2. On   3. On   4. on   5. On

104 1. in November   2. in 1847   3. in the summer

105

in	on	at
in the afternoon	on Dec. 2nd	at quarter to two
in 1907	on Monday	at Easter
in (the) winter	on October 15th	at night
		at 3 o'clock

106 1. on   2. at   3. in   4. in   5. on   6. at – in/at – at   7. in

108
1. I **go** swimming <u>every Saturday</u>.
2. John **plays** football <u>every afternoon</u>.
3. Children <u>usually</u> **sleep** at midnight.
4. We <u>sometimes</u> **forget** to do our homework.
5. Mrs Smith <u>often</u> **watches** TV in the evening.
6. The rabbit **eats** grass <u>every day</u>.

Beachte bei den Sätzen 2, 5 und 6 die Endung des Verbs.
Der Merkspruch hilft dir: **He, she, it, das -s muss mit!**

109
1. Mrs Dominey **is cooking** dinner.
2. Mr Bird **is reading** the newspaper.
3. The baby **is crying**.
4. The children **are building** a snowman.
5. Ben **is eating** an ice cream.
6. They **are playing** ice hockey.

Test 1

1. rooms   2. places   3. cupboards   4. trees

-s
7. weeks

-es
buses
11. bridges

-os	-oes
6.	tomatoes
8.	photos

-fs	-ves
14.	dwarfs
15.	calves
17.	cliffs

-ys	-ies
13.	days
16.	countries
18.	ladies

unregelmäßig
9. children
10. fish
12. teeth

0 – 1 Fehler: sehr gut: **2 – 3 Fehler**: gut
4 und mehr Fehler: Du kannst sicher besser arbeiten. Wiederhole Lernschritt 1–17!

Test 2

1. he   3. I   5. we   7. he (it)   9. me   11. us (me) 13. them
2. she   4. they 6. it   8. him   10. His (Its)   12. her   14. it

0 – 1 Fehler: sehr gut   **2 – 3 Fehler**: gut
4 und mehr Fehler: Ein neuer Versuch lohnt sich bestimmt.
Bearbeite noch mal Lernschritt 18–29!

Test 3

3. Mr Norris's   7. Greens'   11. seats of the bus   16. hers
4. His   8. Their   12. key of the (his) car 17. his
5. the children's 9. our   13. The dog's kennel   18. Ours
6. Their   10. brother's keys 14. parents' bedroom   19. yours
                                                           20. Theirs

0 – 1 Fehler: sehr gut   **2 – 3 Fehler**: gut
4 – 5 Fehler: recht ordentlich
Mehr als 5 Fehler: Nicht verzagen. Wiederhole Lernschritt 30-48!

Test 4

1. am *oder* 'm	4. is	7. are	10. are
2. am *oder* 'm	5. is	8. are *oder* 're	11. are
3. is	6. are	9. are	12. are ... *oder* 're ...

13. have (got) *oder* 've got	15. has	17. is ... is	19. Have
14. is *oder* 's	16. has	18. have (got) *oder* 've got	

20. (Yes), I have (got) a pet. *Oder:* I've got a pet.
(No), I haven't got a pet.

0 Fehler: ausgezeichnet   **1 Fehler**: sehr gut
2 – 3 Fehler: gut   **4 – 5 Fehler**: noch gut
6 und mehr Fehler: Lass dich nicht entmutigen!
Bearbeite Lernschritt 49-59 noch mal sorgfältig!

Test 5

1. 16	2. 91	3. 12	4. 80	5. 48	6. 60

7. f	8. e	9. d

11. Ben was born on March 11th, 1987.
12. Jenny was born on December 31st, 1989.
13. George was born on January 3rd, 1994.

14. 10 a.m.	15. 2 p.m.	16. 2.30 a.m.	17. 6.10 p.m.

0 – 1 Fehler: sehr gut   **2 – 3 Fehler**: gut
4 Fehler: noch gut
5 und mehr Fehler: Es ist noch kein Meister vom Himmel gefallen. Bearbeite aber nochmals sorgfältig Lernschritt 60 – 82!

Test 6

1. on	4. on	7. into	10. at (in)	13. on
2. behind	5. up (on)	8. in	11. at ... in	14. on
3. in front of	6. at	9. round	12. at	15. in

0 – 1 Fehler: sehr gut   **2 – 3 Fehler**: gut
4 - 5 Fehler: noch gut
6 und mehr Fehler: Nicht den Mut verlieren. Bearbeite noch mal Lernschritt 83-107!

56 Ergänze jeweils die passende Kurzform von **to have**!

What have they got?

1. I _____ a tent[1].

2. This is Jacqueline Bigaud.

   She _____ a camping bus.

3. This is Moritz Bauer.

   _____ a small tent.

4. These are the Sanchez girls.

   _____ a caravan[2].

5. We _____ a caravan.

6. And what has this little bird got to sleep[3] in?

   It _____ a nesting box[4]
   in a tree[5].

1 Zelt	3 schlafen	5 Baum
2 Wohnwagen	4 Vogelhäuschen	

57 Beantworte die Fragen so kurz wie möglich! Unterstreiche jeweils das erste Wort des Fragesatzes und benütze es auch bei der Antwort! **Beachte**: Bei Kurzantworten fällt *got* weg!

1. Has Brian got a caravan? _No, he hasn't._

2. Have Jill and Maurice Evans got a caravan? _Yes,_____

3. Has Jacqueline got a camping bus? _Yes, she_____

4. Have the Sanchez girls got a tent? _No,_____

5. Has Moritz Bauer got a tent? _Yes,_____

6. Has the bird got a camping bus? _No, it_____

58 Antworte so kurz wie möglich! Benutze Formen von *to be* und *to have*!

1. Is this the Saunders' house?

_Yes, it is._____

2. Have they got a garden?

_____

3. Are the Saunders at home?

_____

4. Is Mr Saunders in the house?

_____

5. Is he working in the garden?

_____

6. Have the Saunders got a dog? _____

7. Are the children in the garden? _____

8. Is Mrs Saunders in the house? _____

9. Is the dog in the street[1]? _____

---

1 Straße

59 Hier sind zwei Jugendliche, Sarah und Steven. Über sie möchtest du mehr erfahren. Vervollständige die Fragen!

your questions (deine Fragen)		Sarah's answers
1. _Is_ your name **Sarah**?	Yes, it is.	
2. _____ you English?	Yes, I am.	
3. _____ you 16 years old?	No, I'm not.	
4. _____ brothers or sisters?	I've got a brother.	
5. _____ a pet?	No, I haven't.	
6. _____ that your guitar?	Yes, it is.	
7. _____ name **Steven**?	Yes, it is.	Steven's answers
8. _____ English?	No, I'm not.	
9. _____ 14 years old?	No, I'm not.	
10. _____ brothers or sisters?	Yes, I've got two sisters.	
11. _____ a pet?	Yes, I've got a dog.	
12. _____ your guitar?	No, it isn't.	

Zeichne jetzt Pfeile von den Zahlen und Dingen zu den entsprechenden Personen im Bild! Die Antworten helfen dir dabei.

Test 4 (to be – to have)

Setze die richtige Gegenwartsform von *to be* ein!

1. I _____ Dean Sherwood.   2. I _____ an English boy.

3. My father _____ a car mechanic[1].

4. My mother _____ a housewife[2].   5. Pauline _____ my sister.

6. There _____ four people[3] in our family.

7. Nicola and Susan _____ Pauline's friends.

8. They _____ in the same[4] class.

9. My school friends _____ Antony Snigger and Nigel Spare.

10. There _____ 11 boys and 15 girls in our class.

11. How many boys and girls _____ there in your class?

12. There _____ _____ boys and _____ girls in my class.
(Setze hier ein, wie viele Jungen und Mädchen in deiner Klasse sind!)

Setze die richtige Form von *to have* (*have* oder *has*) bzw. *to be* ein!

13. I _____ a pet.   14. It _____ a rabbit[5].

15. It _____ n't got a name.

16. My friend John _____ got a rabbit, too[6].

17. John's rabbit _____ brown, mine _____ black.

18. We _____ a lot of fun[7] with[8] them.

19. _____ you got a pet?

20. _____
(Schreibe hierher, ob du ein Haustier hast!)

---

1 Automechaniker	4 gleichen	7 viel Spaß
2 Hausfrau	5 Hase	8 mit
3 Leute	6 auch	

5. Zahlen, Uhrzeit und Datum (Numbers, Time and Date)

60 **Übersicht: Die ersten zwölf Zahlen**

1 – one [wʌn]	7 – seven
2 – two	8 – eight [eɪt]
3 – three	9 – nine
4 – four	10 – ten
5 – five [faɪv]	11 – eleven [ɪˈlevn]
6 – six	12 – twelve [twelv]

Lerntipp:

▶ Lass dir doch einmal Rechnungen auf Englisch stellen. Die folgenden Wörter brauchst du dafür:

plus – plus; minus – minus; mal – times; geteilt durch – over

61 Hier sind die Zahlen von 13 bis 20. Setze die Mehrzahl der Nomen ein! Die Besonderheiten der Mehrzahlbildung findest du ab Aufgabe **5**.

Maus	one mouse	⟶	thirteen (13)	mice
Schlüssel	one key	⟶	fourteen (14)	_____
Fliege	one fly	⟶	fifteen (15)	_____
Gans	one goose	⟶	sixteen (16)	_____
Frau	one woman	⟶	seventeen (17)	_____
Fuß	one foot	⟶	eighteen (18)	_____
Kind	one child	⟶	nineteen (19)	_____
Fisch	one fish	⟶	twenty (20)	_____

62 Die vollen Zehnerzahlen (30, 40, ... 90) haben eine gewisse Ähnlichkeit mit den Zahlen von 3 bis 9.
Suche die Wörter im farbigen Feld und ordne sie den Zahlen richtig zu!

> twenty – eighty – fifty – one hundred – thirty – forty
> ninety – sixty – seventy

20 ___twenty___   50 _____   80 _____

30 _____   60 _____   90 _____

40 _____   70 _____   100 _____

63 Schreibe die passenden Zahlen hinter die Wörter! Streiche alle Zahlen, die du verwendet hast, im Kasten durch!

twenty-eight ___28___   fifty _____   fifteen _____

ninety-nine _____   sixty-three _____   thirty-six _____

a hundred _____

eleven _____

seventy _____

thirteen _____

eighty-two _____

nineteen _____

forty-five _____

thirty-three _____

fifty-one _____

sixty-seven _____

eighty-five _____

1	2	3	4	5	6	7	8	9	10
11	12	13	14	15	16	17	18	19	20
21	22	23	24	25	26	27	28	29	30
31	32	33	34	35	36	37	38	39	40
41	42	43	44	45	46	47	48	49	50
51	52	53	54	55	56	57	58	59	60
61	62	63	64	65	66	67	68	69	70
71	72	73	74	75	76	77	78	79	80
81	82	83	84	85	86	87	88	89	90
91	92	93	94	95	96	97	98	99	100

64 Bei der Uhrzeit brauchst du die Zahlen. Zunächst lernst du die vollen Stunden. Setze die fehlenden Wörter ein!

What's the time?

2. It's _____

1. It's one o'clock.

3. _____

65 **Übersicht: Zeitangaben, so wie sie im Alltag gesprochen werden**

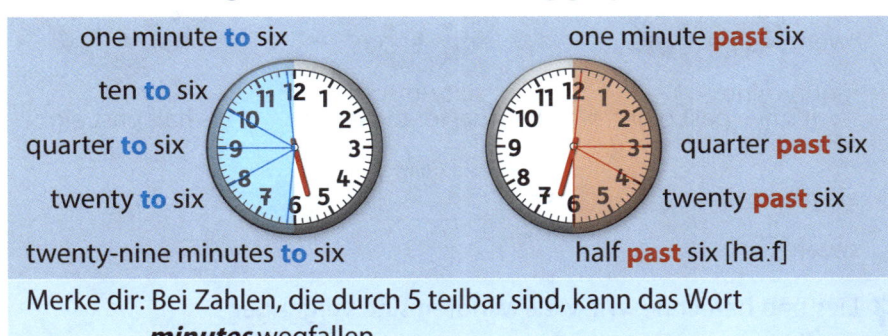

one minute **to** six — one minute **past** six

ten **to** six

quarter **to** six — quarter **past** six

twenty **to** six — twenty **past** six

twenty-nine minutes **to** six — half **past** six [ha:f]

Merke dir: Bei Zahlen, die durch 5 teilbar sind, kann das Wort *minutes* wegfallen.

Zeichne nun bei den folgenden Uhren den großen Zeiger ein! (Draw the big hand.)

It's quarter past seven.

It's ten to nine.

It's half past twelve.

It's fourteen minutes to three.

Auch: It's **a** quarter past ...

66 Zeichne beide Zeiger ein!

It's half past one.

It's 7 minutes to four.

It's ten to three.

It's five past eight.

It's quarter to eleven.

Auch: It's **a** quarter to eleven.

It's half past eight.

67 Lies und berechne: Wie viele Minuten sind vergangen?

How many minutes are this?
From ten to two to two to two!

Ganz korrekt müsste es heißen: From ten to two to two minutes to two.

Kannst du den Jungen verstehen?

Es sind _____ Minuten vergangen.

68 Alle Uhren in einem Uhrengeschäft zeigen eine andere Uhrzeit an. Wähle die richtige Zeit aus dem farbigen Feld aus!

1. kitchen clock
2. electric clock 11 40
3. pendulum clock
4. alarm clock
5. radio clock 10 44
6. pocket watch
7. wristwatch

> quarter to six – half past nine – ten past nine – half past eight
> nine minutes past ten – quarter to eleven – half past three
> twenty to twelve – half past four – quarter past seven
> a quarter past six – twenty to eleven – quarter to seven
> sixteen minutes to eleven

1. It's _____ a quarter past six _____ by the kitchen clock.

2. It's _____ by the electric clock.

3. It's _____ by the pendulum clock.

4. It's _____ by the alarm clock.

5. It's _____ by the radio clock.

6. It's _____ by the pocket watch.

7. It's _____ by the wristwatch.

69 Um bei einer Zeitangabe auszudrücken, dass das Geschäft von 9 Uhr **morgens** an geöffnet ist, sagt man:

This shop is open from 9 **a.m.**

Was bedeutet dieses Schild? ⟶

> The bar is open
> from 9 **p.m.**

Kannst du es erraten?

Es bedeutet, dass die Bar ab _____ geöffnet ist.

70 **Übersicht: Abkürzungen *a.m.* und *p.m.***

Die Abkürzung **a.m.** steht für **a**nte **m**eridiem. Das kommt aus dem Lateinischen und bedeutet: vor dem Mittag. Die Abkürzung **p.m.** steht für **p**ost **m**eridiem (= nach dem Mittag). In einem Bild sieht das so aus:

12 Uhr (meridiem)

a.m.
ante meridiem

p.m.
post meridiem

24 Uhr

Schreibe die Uhrzeiten!

1. 10 o'clock in the morning: ___10 a.m.___

2. 8 o'clock at night: _____

3. 20 to five in the afternoon: ___4.40 p.m.___

4. 10 to seven in the morning: _____

5. 2 o'clock at night: _____

6. Half past 6 in the morning: _____6.30 a.m._____

7. Half past 9 at night: _____

8. Ten past 3 in the afternoon: _____

71 Offizielle Zeitangaben

Offizielle Zeitangaben, wie z. B. auf Bahnhöfen, an Flughäfen, im Rund-
funk oder Fernsehen, können auch so ausgedrückt werden:

nineteen twenty-five: 19.25 Uhr

eight thirty-seven: 8.37 Uhr

sixteen – oh – eight: 16.08 Uhr

Schreibe die Uhrzeiten auf:

1. twelve thirty _____ 4. fourteen forty-five _____

2. fifteen fifty-three _____ 5. eighteen oh five _____

3. twenty-three thirty _____ 6. twenty-two fifteen _____

72 Kannst du nun folgende Sätze vervollständigen?

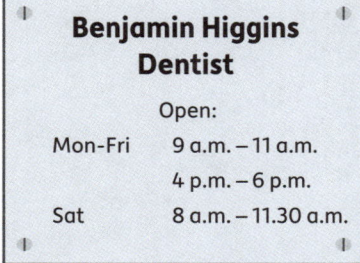

Benjamin Higgins
Dentist

Open:

Mon-Fri   9 a.m. – 11 a.m.
           4 p.m. – 6 p.m.
Sat   8 a.m. – 11.30 a.m.

Mr Higgin's surgery[1] is open from Monday
to Friday from 9 until 11 o'clock in the

_____ (1), and from 4 until

6 o'clock in the _____ (2).

On Saturday it is open from _____

_____ (3).

73 Lies folgenden Text und trage dann die Zeitangaben in das Schild ein!

The restaurant is closed[1] on Mondays. It is open from Tuesday to Friday from 5 o'clock in the afternoon until 11 o'clock at night. On Saturday it opens at half past eleven and closes at 10 o'clock at night. On Sundays it is open from half past ten in the morning until half past eleven at night. You can get lunch[2] from eleven forty-five until two o'clock and dinner[3] from half past six until half past ten at night.

Open:

Tue-Fri _____ (1)

Sat _____ (2)

Sun _____ (3)

Lunch _____ (4)

Dinner _____ (5)

---

1 geschlossen   2 Mittagessen   3 Abendessen

74 **Ordnungszahlen**

Die Zahlen, die wir bisher kennen gelernt haben, nennt man **Grund-zahlen** (Kardinalzahlen), z. B. 3, 17, 51, 98 usw.

Ordnungszahlen legen eine bestimmte Stelle in einer geordneten Reihe fest, z. B. der **erste** Schnee, die **zweite** Klasse, das **dritte** Tor …

In folgendem Satz benützen wir eine **Ordnungszahl**.

This is Bobby Charlton's **3d** (**third**) goal in this match.

Die ersten **12 Ordnungszahlen** lauten folgendermaßen:

[fɜːst]	first	–	1**st**	seven**th**	–	7**th**
[ˈsekənd]	sec**o**nd	–	2**nd**	eigh**th**	–	8**th**
[θɜːd]	thi**rd**	–	3**rd**	ni**nth**	–	9**th**
[fɔːθ]	fou**rth**	–	4**th**	ten**th**	–	10**th**
[fɪfθ]	fi**fth**	–	5**th**	eleven**th**	–	11**th**
	six**th**	–	6**th**	twel**fth**	–	12**th**

Besonderheiten der Rechtschreibung sind **unterstrichen**.

75 Diese 5 Hunde nahmen an einem Windhundrennen teil. Gib jedem Hund seine Platzziffer!

1. Jaguar was the third dog.
2. Flash was the first dog.
3. Bessy was the fifth dog.
4. Snowdrop was the second dog.
5. Racer was the fourth dog.

76 Besonders wichtig sind die Ordnungszahlen beim Datum. Bevor wir jedoch hierauf näher eingehen, musst du dir die Monatsnamen einprägen. Setze die fehlenden Ordnungszahlen ein!

1. The ____first____ month of the year is **January**.

2. The _____ month is **February**.

3. The _____ month is **March**.

4. The _____ month is **April**.

5. The _____ is **May**.

6. The _____ month is **June**.

7. The _____ is **July**.

8. _____ month is **August**.

9. _____ is **September**.

10. _____ month is **October**.

11. _____ month is **November**.

12. _____ month is **December**.

   It's the last month of the year.

77 Schau dir die Monatsnamen genau an und streiche dann das falsche Wort im folgenden Satz durch!

groß-

Monatsnamen werden im Englischen immer ⟨ ⟩ geschrieben.

klein-

Schreibe hier die Monatsnamen auf Englisch noch einmal auf:

_____

_____

_____

_____

78 **Übersicht: Sprech- und Schreibweise von Daten**

Steven Reed wurde am 10. Oktober 1971 geboren.

Sprechweise:

> I was born on October the tenth, nineteen seventy-one.

Schreibweise: 10th October, 1971
                October 10th, 1971

Beide Schreibweisen gibt es.
Wir benutzen in dieser Lernhilfe immer die zweite.

Schreibe auf, wie Mrs Speaks ihr Geburtsdatum schreibt!

15.1.1967

> I was born on January the fifteenth, nineteen sixty-seven.

_____

79 Schreibe sein Geburtsdatum!

2.5.2008

> I was born on May the second, two thousand eight.

_____

80 Hier findest du Geburtsdaten berühmter Männer. Schreibe!

> I was born on April the twenty-third fifteen sixty-four in Stratford-on-Avon.

William Shakespeare was born on __April 23rd, 1564__ (1).

> I was born on January the fourth, sixteen forty-three in Woolsthorpe.

Isaac Newton was born on _____ (2).

> I was born on February the twenty-second, seventeen thirty-two in Bridges Creek.

George Washington was born on _____ (3).

81 Fill in! (Ergänze, sodass die Antworten zu dir passen!)

When is your birthday? My birthday is on _____ .

Schreibe deinen Geburtstag auf!

When is your mother's birthday? Her birthday is on _____ .

When is your father's birthday? His _____ .

What date is it today? Today is _____ .

82 Weitere Ordungszahlen

Auch die ersten drei Ordnungszahlen in jedem Zehner sind jeweils **unregelmäßig**:

Grundzahl	Ordnungszahl (gesprochen)	Ordnungszahl (geschrieben)
20	the twentiest	20th
21	the twenty-first	21st
22	the twenty-second	22nd
23	the twenty-third	23rd
24	the twenty-fourth	24th
31	the thirty-first	_____
49	the forty-ninth	_____
60	the sixtieth	_____
72	the seventy-second	_____
43	the forty-third	_____
100	the hundredth	_____

Jetzt bist du sicher fit. Ergänze passend!
Achtung: Unterscheide Grundzahl und Ordnungszahl!

second   _2nd_

fourteen   _14_

twenty   _____

fifteenth   _____

fiftieth   _____

thirty-three   _____

eleventh   _____

forty-first   _____

sixty-six   _____

eighty-seven   _____

Test 5 (Zahlen, Uhrzeit und Datum)

Write down the numbers.

1. sixteen _____

2. ninety-one _____

3. twelve _____

4. eighty _____

5. forty-eight _____

6. sixty _____

What's the time? Ergänze den passenden Buchstaben.

7. ____

8. ____

9. ____

a) half past ten
b) twenty-five to three
c) quarter past seven
d) twenty-five past two
e) half past eleven
f) quarter to seven

Write down their birthday dates.

Alice (1990) Ben (1987) Jenny (1989) George (1994)

June
30
Thursday

March
11
Friday

December
31
Saturday

January
3
Tuesday

10. Alice was born on ___June 30th, 1990._____

11. Ben _____

6. Jenny _____

7. George _____

Gib die exakte Tageszeit an! Denke an _a.m._ oder _p.m._!

8. It's ten o'clock in the morning. _____

9. It's two o'clock in the afternoon. _____

10. It's two thirty at night. _____

11. It's ten past six in the evening. _____

6. Häufig benützte Präpositionen: Orts- und Zeitangaben – Prepositions of Place and Time

Präpositionen des Ortes (Verhältniswörter des Ortes)

83 **Die Präpositionen *in – into***

Schau dir die Bilder an und lies die dazugehörigen Sätze durch!

A Swiss plane is **in** the hangar[1].

Three men are pushing[2] a plane **into** the hangar.

84 Robert is jumping into the water.

Vivien is swimming in the water.

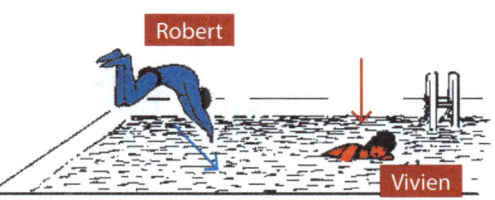

Kannst du schon richtig *in* beziehungsweise *into* einsetzen?
Beachte den Pfeil in der Zeichnung!

1. Mother is _____ the house.

2. Father is going _____ the house.

---

1 Hangar   2 schieben

85 Den Unterschied zwischen *in* und *into* kannst du dir mit Hilfe folgender Zeichnung merken:

into

in

Mrs Blake is going **into** the shop.

Mrs Blake is **in** the shop.

Vervollständige den deutschen Satz!

1. **into**: Mrs Blake geht in das Geschäft _____.

2. **in**: Mrs Blake _____ im Geschäft.

86 Bilde nun Sätze zu den Bildern!

garage

1. Mr Bolton's car _____

_____

tractor

2. Farmer Sampson is driving the

   tractor _____

kennel[1]

3. The dog is _____

   the kennel.

basket

4. _____

   _____

shed[2]   ladder

Nigel   David

5. _____ are

   carrying _____

---

87 *Out of* **ist das Gegenteil von** *into*.

Ergänze nun folgende zwei Sätze!

into

out of

1. This car is going _____ the tunnel.

2. This car is coming _____ the tunnel.

88 Vervollständige auch diese Sätze!

kingfisher[1]

1. This kingfisher is diving

_____ the water.

2. This kingfisher is coming

_____ the water.

cock

fox

3. This cock is looking _____ the hen shed.

4. This fox is looking _____ the hen shed.

---

1 Eisvogel

89 Die Präpositionen *in* und *at*

1. Andy was[1] **at** the post office[2].

2. He found[3] a purse[4] **in** the post office.

Im **Satz 1** will der Sprecher ausdrücken, dass Andy auf dem Postamt etwas zu erledigen hatte.
Im **Satz 2** will der Sprecher betonen, dass Andy die Geldbörse im Postamt, nicht etwa vor dem Postamt oder in der Eingangshalle des Postamts gefunden hat.

Drücke folgende Gedanken auf Englisch aus!

1. Man kann Fahrkarten am Bahnhof kaufen.

   You can get tickets _____ the station.

2. Der Obstkiosk ist im Bahnhof. (Nicht davor!)

   The fruit kiosk is _____ the station.

3. Ich sah den Film im Kino. (Nicht im Fernsehen.)

   I saw the film _____ the cinema.

4. Ich verlor mein Geld im Kino. (Nicht vor dem Kino oder auf dem Weg dorthin.)

   I lost my money _____ the cinema.

5. Es war kalt in der Küche. (Nicht im Wohnzimmer.)

   It was cold _____ the kitchen.

6. Die Hutchinsons wohnen in York.

   The Hutchinsons live _____ York.

7. Die Jungen sind auf dem Fußballplatz.

   The boys are _____ the football ground.

---

1 war   2 Postamt   3 fand   4 Geldbeutel

90 Die Präpositionen *on – under / in front of – behind*

Hier siehst du ein Foto von Joans Geburtstagsparty. Joan erklärt dir das Foto. Findest du die Namen der Kinder heraus? Lies die Sätze durch und schreibe zu den Nummern die Namen der Kinder!

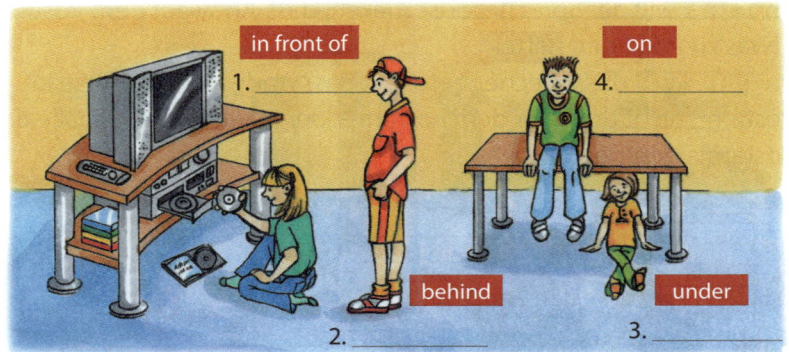

Ron ist standing behind Jenny.   Anne is sitting under the table.
Jenny is kneeling in front of the CD-player.   Graham is sitting on the table.

91 Und hier ist noch ein Foto von der Geburtstagsfeier. The children are playing hide and seek[1]. Where are they[2]? Setze die Präpositionen ein!

1. Joan is standing _____ the house. 2. Jenny is _____

the wall. 3. Ron is _____ the garage. 4. Brian is _____ the car.

5. Anne is _____ the chair. 6. And Blackie? He is _____ the car.

---

1 Verstecken   2 Wo sind sie?

92 Die Präpositionen *into – to*

Einige Situationen haben wir schon kennen gelernt, bei denen **into**
verwendet wird. Vergleiche die Bilder und die Sätze!

Ordne folgende zwei Sätze den Bildern zu! Schreibe **A** oder **B** in die Kreise!

1. Elvis ist schon an der Toilettentüre und geht hinein.

2. Elvis ist noch weiter von der Toilettentüre weg, geht aber auf
   sie zu.

93 Setze *to*, *into*, *in front of*, *out of* oder *in* richtig ein!

1. Mrs Fisher is going _____ Exeter.

2. The porter is pushing[1] a big case _____ the carriage[2].

3. The porter is standing _____ the carriage.

4. Mrs Fisher is sitting _____ the carriage.

5. She is looking _____ the carriage.

94 Setze auch hier die richtigen Präpositionen ein!

1. The Hendersons are sitting _____ the car.

2. One customs officer[3] is looking _____ the boot[4].

3. The Hendersons are going on holiday[5] _____ Switzerland.

4. The barrier _____ the car is closed[6].

---

1 schieben
2 Waggon
3 Zollbeamter
4 Kofferraum
5 Urlaub
6 geschlossen

95 Die Präpositionen *up – down – round*

Schau dir das Bild genau an und vervollständige dann die Sätze!

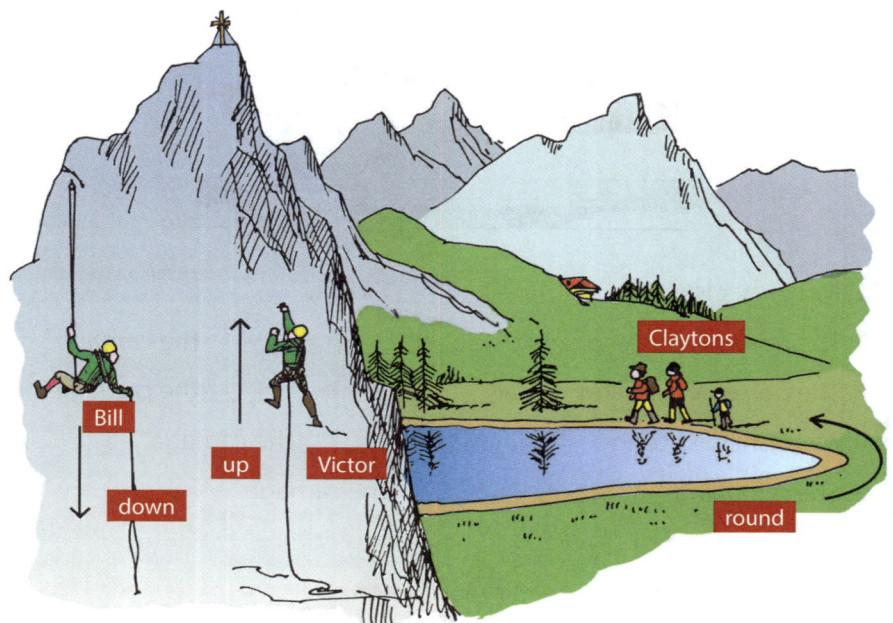

1. Bill is coming _____ the mountain[1].

2. Victor is going _____ the mountain.

3. The Claytons are walking _____ the lake[2].

96 Setze *up* oder *down* ein!

Come _____ (1), Bobby. There are only two more steps.

Come _____ (2), Bobby. It's too high for you.

I'm going _____ (3) to the restaurant.

I'm going _____ (4) to the bus stop.

They're going _____ (5) in a minute.

I hope[1] they'll come _____ (6) safe[2].

---

1 hoffe   2 sicher

97 Wähle aus und setze ein!

> in – into – at – under – on – up – down – to
> round – in front of – behind

1. The cyclist[1] is going _____ the bend[2] very fast[3].

2. He is riding[4] _____ a car.

Oh dear, an accident!

3. The cycle is lying[5] _____ a shop.

4. The cyclist is lying _____ the pavement[6].

5. His left leg[7] is _____ the back wheel[8].

6. He wanted[9] to go _____ a disco.

---

1 Motorradfahrer	4 fahren	7 linkes Bein
2 Kurve	5 liegen	8 Hinterrad
3 schnell	6 Gehsteig	9 wollte

Präpositionen der Zeit (Verhältniswörter der Zeit)

98 **Präpositionen bei Tageszeiten**

Man benützt Präpositionen der Zeit in ganz bestimmten Situationen.
Es ist jedoch nicht sinnvoll, Zeitpräpositionen wörtlich zu übersetzen,
sondern man muss sich ganze Satzteile merken.

1. I get up early **in the morning**.	(am Morgen)
2. I have lunch at noon.	(am Mittag)
3. I go shopping in the afternoon.	(am Nachmittag)
4. I come home in the evening.	(am Abend)
5. I go to bed late[1] at night.	(in der Nacht)
6. I lie[2] in bed at midnight.	(um Mitternacht)

Unterstreiche in den Beispielsätzen im Merkkasten oben alle Zeitangaben!

99 Schreibe zu den Tageszeiten die richtigen Präpositionen!

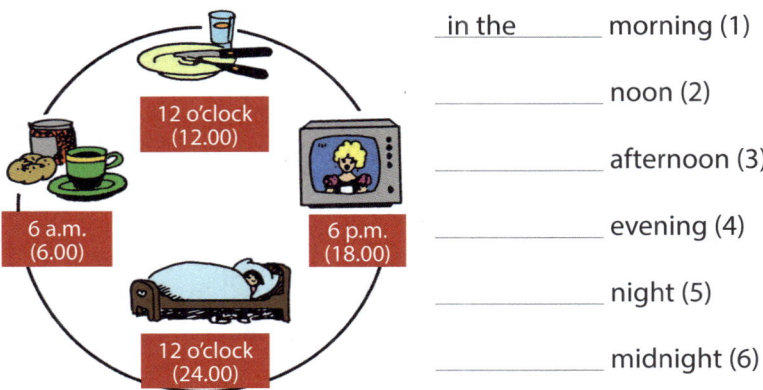

_in the_____ morning (1)

_____ noon (2)

_____ afternoon (3)

_____ evening (4)

_____ night (5)

_____ midnight (6)

---

1 spät   2 liege

100 Präposition bei Uhrzeiten

Die Präposition bei **Uhrzeiten** lautet immer *at*.

Unterstreiche in jedem Satz die Präposition *at* und die **Uhrzeit**.

Grandad's day
– I get up at 9 o'clock.
– I have breakfast at 20 past nine.
– I have lunch at half past twelve.
– I sit down and read my newspaper[1]
  at two o'clock.
– I have tea at quarter past five.
– I switch[2] the television on at quarter to six.
– I go to bed at eleven o'clock.

101 Miss Lenton ist Sekretärin in einer Firma. Schreibe auf, was sie sagt!

1. (get up)

1. I get up at

half past six.

4. (arrive at my office)

4. _____

_____

_____

2. (have breakfast)

2. _____

_____

_____

5. (start work)

5. _____

_____

_____

3. (go to work)

3. _____

_____

_____

6. (make coffee)

6. _____

_____

_____

1 Zeitung   2 anschalten

102 Präposition bei Festtagen

Auch bei **Festtagen** wird *at* verwendet.

Setze ein!

1. Our friends always visit us __at__ Whitsun. (Pfingsten)

2. We often have snow _____ Easter. (Ostern)

3. In England Santa Claus comes _____ Christmas. (Weihnachten)

103 Präposition bei Wochentagen und Datumsangaben

Bei **Wochentagen** und bei **Datumsangaben** wird immer die Präposition *on* verwendet.

Hier erfährst du, was Marys Großvater regelmäßig macht. Setze ein!

1. __On__ Sunday he goes to church[1].

2. _____ Monday afternoon he plays chess[2] with his friend.

3. _____ Friday morning he goes shopping.

4. He writes Christmas cards[3] _____ Dec. 20th.

5. _____ Dec. 24th he visits[4] his son in Birmingham.

04 Präposition bei Monaten, Jahreszahlen und Jahreszeiten

Bei **Monaten** und **Jahreszahlen** sowie **Jahreszeiten** benützt man die Präposition *in*.

Unterstreiche die Präposition, die bei der Zeitangabe steht!

1. It always rains[5] a lot in November. (Monat)

2. Graham Bell was born in 1847. (Jahreszahl)

3. They always go to the sea[6] in the summer. (Jahreszeit)

---

1 Kirche   3 Weihnachtskarten   5 regnet
2 Schach   4 besucht   6 Meer

105 Schreibe die folgenden Zeitangaben in die Spalte mit der passenden Präposition:

afternoon – Dec. 2nd – quarter to two – Easter – night
1907 – Monday – winter – October 15th – 3 o'clock

in	on	at
in the afternoon	_____	_____
_____	_____	_____
_____	_____	_____
		_____

▶ Tageszeiten
(außer: midnight, night, noon)

▶ Jahreszahlen

▶ Jahreszeiten

▶ Wochentage

▶ Datum

▶ Uhrzeiten

▶ Festtage

▶ Tageszeiten
(außer: morning, afternoon, evening)

106 Setze die Präpositionen richtig ein!

1. We often[1] go swimming _____ Friday.

2. Mr Bull always[2] visits his parents[3] _____ Christmas.

3. Benny reads the newspaper[4] _____ the morning.

4. The Spencers were[5] in Spain[6] _____ 1983.

5. Sally's birthday is _____ February 28th.

6. She leaves[7] the house _____ 7.15 _____ the morning and

   comes home _____ 9.30 _____ night.

7. The next motorcar race[8] is _____ August.

---

1 oft
2 immer
3 Eltern

4 Zeitung
5 waren
6 Spanien

7 verlässt
8 Autorennen

Überblick: Präpositionen, die örtlich und zeitlich verwendet werden

Präpositionen	Ortsangabe		Zeitangabe	
in		The bird is **in** the nesting box.	**in** the	morning / afternoon / evening
			in	1986 / 1848 / usw.
			in	January / February / usw.
at	**at the**	cinema / station / football ground / usw.	**at**	noon / night / midnight
			at	3 o'clock / half past two / usw.
			at	Christmas / Easter / usw.
on		The bird is **on** the nesting box	**on**	June 30th, 1986 / July 23rd, 1940 / usw.
			on	Sunday / Monday / usw.

Nur örtlich werden folgende Präpositionen gebraucht:

| out of | into | in front of | behind | down. | round its leg. |

Test 6 (Präpositionen)

Fill in the correct prepositions. Look at the picture first.

1. There's a pot _____ the snowman's head.

2. Bill is standing _____ the snowman.

3. Marry is standing _____ the snowman.

4. Patrick is sitting _____ the sledge[1].

5. The cat is climbing[2] _____ the snowman.

6. Peter and his friends are _____ a race track[3].

7. One driver[4] is climbing _____ his car.

8. One driver is sitting _____ his car.

9. Four mechanics[5] are standing _____ the car.

10. The race takes place[6] _____ Hockenheim.

Fill in the gaps. Fülle die Lücken aus!

11. I always wake up[7] _____ six o'clock _____ the morning.

12. Will you come _____ Easter?

13. Christmas Eve[8] is always _____ December 24th.

14. We often go to the park _____ Saturday or Sunday.

15. George bought[9] his first car _____ 1982.

---

1 Schlitten	4 Fahrer	7 wache auf
2 klettern	5 Mechaniker	8 Heiliger Abend
3 Rennstrecke	6 findet statt	9 kaufte

7. Zwei Gegenwartsformen: Simple Present und Present Progressive

Im Englischen unterscheiden wir zwei mögliche Gegenwartsformen. Viele Erklärungen und Übungen dazu findest du im **Hauschkaheft 301**: **Present: Progressive & Simple**. Hier werden sie nur kurz erklärt:

Simple Present

08

Das **Simple Present** verwendest du, wenn etwas **regelmäßig** oder **gewöhnlich** geschieht. Das Verb steht in der Regel in der Grundform. **Ausnahme**: Das Verb in der 3. Person Einzahl. Die Endung ändert sich.

I always **love** you. We usually **have** breakfast at 7 a.m.

She like**s** chocolate. Mr Clean wash**es** his car every Saturday. The baby cr**ies** every day.

Signalwörter helfen dir, das **Simple Present** zu erkennen.

usually, every day, every month, always, often, never ...

Setze die Verben passend ein! Verändere, wenn nötig, die Endung!

go – eat – watch – sleep – play – forget

1. I _____ swimming every Saturday.

2. John _____ football every afternoon.

3. Children usually _____ at midnight.

4. We sometimes _____ to do our homework.

5. Mrs Smith often _____ TV in the evening.

6. The rabbit _____ grass every day.

Unterstreiche in den Sätzen oben alle **Signalwörter**, die auf das Simple Present hinweisen.

Present Progressive

109 Das **Present Progressive** verwendest du, wenn etwas **gerade** geschieht. Du bildest diese Form mit der passenden Form von **be** und dem Vollverb, dem ein **-ing angehängt** wird.

You **are reading** a blue box at the moment. You **are learning** English grammer now.

Signalwörter helfen dir, das **Present Progressive** zu erkennen.

at the moment, now, Look!, Listen!

Look at the pictures. What are they doing?
Suche das passende Verb aus dem farbigen Feld und ergänze die Sätze!

cook – play – build – cry – read – eat

1. Mrs Dominey _____ dinner.

2. Mr Bird _____ the newspaper.

3. The baby _____.

4. The children _____ a snowman.

5. Ben _____ an ice cream.

6. They _____ ice hockey.

Fachbegriffe

lateinisch	deutsch	englisch	Beispiel
Objekt	Satzergänzung	object	*Bob likes **tea**.*
Personal-pronomen	persönliches Fürwort	personal pronoun	*I, you, he, she, it, we ...*
Possessiv-pronomen	besitzanzeigendes Fürwort	possessive pronoun	*my, your, his, her*
Plural	Mehrzahl	plural	*many guitar**s***
Prädikat	Satzaussage	predicate	*Bob **likes** tea.*
Präposition	Verhältniswort	preposition	*in, into, on, under, at*
Präsens	Gegenwart	present tense	*I am going; he goes*
Singular	Einzahl	singular	*one/a guitar*
Subjekt	Satzgegenstand	subject	***Bob** likes tea.*

Wörterliste

A

a lot of	eine Menge
about	ungefähr
ache	Schmerzen
actor	Schauspieler
to be afraid of	Angst haben vor
afternoon	Nachmittag
again	wieder
already	schon
always	immer
arrive	ankommen
ask	fragen
at once	sofort
Australia	Australien
Austria	Österreich

B

baby	Baby
back	zurück
back wheel	Hinterrad
bad	schlecht
balcony	Balkon
basket	Korb
bat	Schläger
bike	Fahrrad
bird	Vogel
birthday	Geburtstag
black	schwarz
boat	Boot
book	Buch
born	geboren
both	beide
bottle	Flasche
bow	Bogen
box	Kasten, Kiste
boy	Junge
bridge	Brücke
brother	Bruder
bus	Bus
bush	Busch

C

calf	Kalb
call	anrufen
car	Auto
caravan	Wohnwagen
carry	tragen
case	Koffer
cat	Katze
chair	Stuhl
change	wechseln
chess	Schach
chimney	Kamin
cinema	Kino
class	Klasse
classmate	Klassenkamerad
cliff	Klippe
climb	klettern
clock	große Uhr
close to	nahe bei
colour	Farbe
come	kommen
country	Land
crazy	verrückt
crop	Ernte
cupboard	Schrank
customs officer	Zollbeamter
cyclist	Motorradfahrer

D

dark	dunkel
daughter	Tochter
day	Tag
dead	tot
dentist	Zahnarzt
diary	Tagebuch
dictionary	Wörterbuch
dinner	Abendessen
disco	Diskothek
doctor	Arzt

doll	Puppe
door	Tür
dress	Kleid
driver	Fahrer
dwarf	Zwerg

E

eat	essen
elder	ältere
eldest	älteste
empty	leer
evening	Abend
every	jede(r)
exercise	Training, Übung
expensive	teuer

F

factory	Fabrik
fair	blond
family	Familie
famous	berühmt
father	Vater
favourite	Lieblings…
few days	einige Tage
fir tree	Tannenbaum
firm	Firma
flag	Flagge
flat	Wohnung
flower	Blume
follow	folgen
food	Futter, Essen
foot	Fuß
football	Fußball
fox	Fuchs
France	Frankreich
fresh	frisch
friend	Freund
fruit	Obst
fun	Spaß
funny	lustig

G

game	Spiel

garden	Garten
get	bekommen
girl	Mädchen
ground	Boden
guinea pig	Meerschweinchen

H

hair	Haar
handlebars	Lenkstange
hedge	Hecke
hide	verstecken
high	hoch
holiday	Ferien
home	Zuhause
hope	hoffen
hot	heiß
house	Haus

I

I'll	ich werde
ill	krank
injection	Spritze

J

job	Arbeit, Beruf
jump	springen

K

kennel	Zwinger
key	Schlüssel
kingfisher	Eisvogel
kitchen	Küche

L

lady	Dame
language	Sprache
last	letzte
late	spät
leaf	Blatt
leave	verlassen
left	links, linke
leg	Bein
library	Bücherei

little	klein
live	leben, wohnen
lorry	Lastwagen
lunch	Mittagessen

M

match	Streichholz, Spiel
meal	Mahlzeit
midnight	Mitternacht
miss	vermissen
moment	Augenblick
money	Geld
morning	Morgen
mother	Mutter
motorbike	Motorrad
motorcar race	Autorennen
mountain	Berg
mouse	Maus
mouth	Mund

N

name	Name
necklace	Halskette
nesting box	Nistkasten
newspaper	Zeitung
nice	schön, nett
night	Nacht
noon	Mittag
nothing	nichts

O

old	alt
other	andere
own	eigene(s)

P

parents	Eltern
party	Party
patient	Patient
pavement	Gehsteig
people	Leute
perhaps	vielleicht
pet	Haustier

piano	Klavier
place	Platz
plane	Flugzeug
polar bear	Eisbär
policeman	Polizist
poor	arm
pope	Papst
porter	Gepäckmann
post office	Postamt
pot	Topf
potato	Kartoffel
pretty	ziemlich, hübsch
prison	Gefängnis
punctually	pünktlich
pupil	Schüler
push	schieben

R

rabbit	Kaninchen
race	Rennen
rain	regnen
read	lesen
ride	fahren (Zweirad)
road	Straße
roof	Dach
run	rennen, laufen
rusty	rostig

S

safe	Safe, sicher
sailing boat	Segelboot
salary	Gehalt
schoolbag	Schultasche
sea	Meer
see	sehen
send	schicken
serious	ernst
shed	Hütte, Schuppen
shelf	Regalbrett
shop	Laden, Geschäft
show	zeigen
sister	Schwester
sit	sitzen

sledge	Schlitten	tree	Baum
sleep	schlafen	trim	schneiden
Spain	Spanien	trouble	Schwierigkeiten
spring	Frühling	twins	Zwillinge
States	USA	tyre	Reifen
station	Bahnhof		
step	Stufe	**U**	
sticker	Aufkleber	upper	obere, oberes
street	Straße		
surgery	Praxis	**V**	
swim	schwimmen	very	sehr
switch on	anschalten	visit	besuchen
T		**W**	
table	Tisch	waiting room	Wartezimmer
take back	zurückbringen	wardrobe	Kleiderschrank
tank	Aquarium	watch	(kleine) Uhr
tax	Steuer	water	Wasser
tea	Tee	wear	(Kleidung) tragen
team	Mannschaft	wheel	Rad
tent	Zelt	white	weiß
terrible	schrecklich	window	Fenster
thief	Dieb	wisdom tooth	Weisheitszahn
time	Zeit	with	bei, zu, mit
tin	Dose	without	ohne
tomato	Tomate	write	schreiben
too	zu, auch	wrong	falsch
tooth	Zahn		
toothache	Zahnschmerzen	**Y**	
tortoise	Schildkröte	year	Jahr
toy	Spielzeug	yesterday	gestern

Das Wichtigste in Kürze: Themen der 5. Klasse

Pluralbildung (Mehrzahlbildung)

▶ **Regelmäßig**: an das Nomen wird ein -s angehängt, z. B. room**s**, cup**s**

▶ **Besonderheiten**:

1. nach Zischlauten am Wortende steht -es, z. B. box**es**, bus**es**
2. -y am Wortende wird zu -ys (vorletzter Buchstabe ist Vokal), z. B. bo**ys**
   oder zu -ies (vorletzter Buchstabe ist Konsonant), z. B. part**ies**
3. -o am Wortende wird zu -os, z. B. radi**os**
   oder zu -oes, z. B. potat**oes**, her**oes**
4. -f oder -fe am Wortende wird zu -fs/-fes, z. B. roo**fs**, sa**fes**
   oder zu -ves, z. B. wi**ves**, kni**ves**

▶ **Unregelmäßig:** z. B. man – men, fish – fish, child – children

Personalpronomen (persönliche Fürwörter)

▶ **als Subjekt**

Singular (Einzahl): I, you, he/she/it (= ich, du, er/sie/es)
Plural (Mehrzahl): we, you, they (= wir, ihr, sie)

▶ **als Objekt**

Singular: me, you, him/her/it
Plural: us, you, them

Besitz ausdrücken

▶ **Possessivpronomen (besitzanzeigende Fürwörter)**

Singular: my, your, his/her/its   alleinstehend: mine, yours, his/hers
Plural: our, your, their   ours, yours, theirs

▶ **s-Genetiv bei Lebewesen**: an das Nomen wird **'s** bzw. **'** angehängt

z. B. Peter**'s** house, the rabbit**'s** eyes, the Millers**'**, men**'s**

▶ **of-Genetiv bei Dingen**

z. B. the window **of** the house, the door **of** the room

Konjugation (Beugung) von *to be* (= sein)/ Kurzformen

Singular: I **am**, you **are**, he **is** / she **is** / it **is**   I'**m**, you'**re**, he'**s** / she'**s** / it'**s**
Plural: we **are**, you **are**, they **are**   we'**re**, you'**re**, they'**re**

Konjugation (Beugung) von *to have* (= haben)/Kurzformen

Singular: I **have (got)**, you **have (got)**, he **has (got)** / she **has (got)** / it **has (got)**
    I'**ve got**, you'**ve got**, he'**s got** / she'**s got** / it'**s got**
Plural: we **have (got)**, you **have (got)**, they **have (got)**
    we'**ve got**, you'**ve got**, they'**ve got**

Präpositionen

▸ **im Zusammenhang mit Ortsangaben**: z. B. in, into, out of, on, under, in front of, behind, to, up, down, round

▸ **im Zusammenhang mit Zeitangaben**: z. B. in, at, on

Präsens: Das Present Progressive

▸ **Verwendung**: Wenn etwas **gerade geschieht**.

▸ **Signalwörter**: z. B. now, at the moment, Listen!, Look!

▸ **Bildung** des Present Progressive: am/is/are + Verb + -ing: I **am** read**ing**.

1. Verb + -ing, z. B. read + -ing → reading
2. stummes -e am Wortende entfällt, z. B. com**e** + -ing → com**i**ng
3. Konsonantenverdopplung, z. B. si**t** + -ing → si**tt**ing

Präsens: Das Simple Present

▸ **Verwendung**: Wenn etwas **regelmäßig geschieht**.

▸ **Signalwörter**: z. B. usually, every day, always, often

▸ **Bildung** des Simple Present: Verb + -s, bzw. kein -s

▸ **Endung in der 3. Person Singular**:

1. regelmäßig: Verb + -s, z. B. read + -s → reads
2. y nach Konsonant am Wortende: y wird zu ie; z. B. c**ry** → cr**ies**
3. y nach Vokal am Wortende: Verb + -s; z. B. pl**ay** + -s → pla**ys**
4. Zischlaut am Verbende: Verb + -es; z. B. ki**ss** + -es → ki**sses**
5. Ausnahmen: z. B. have → has; do → does; go → goes

Stichwortverzeichnis
(Stichwort – Aufgabennummer)

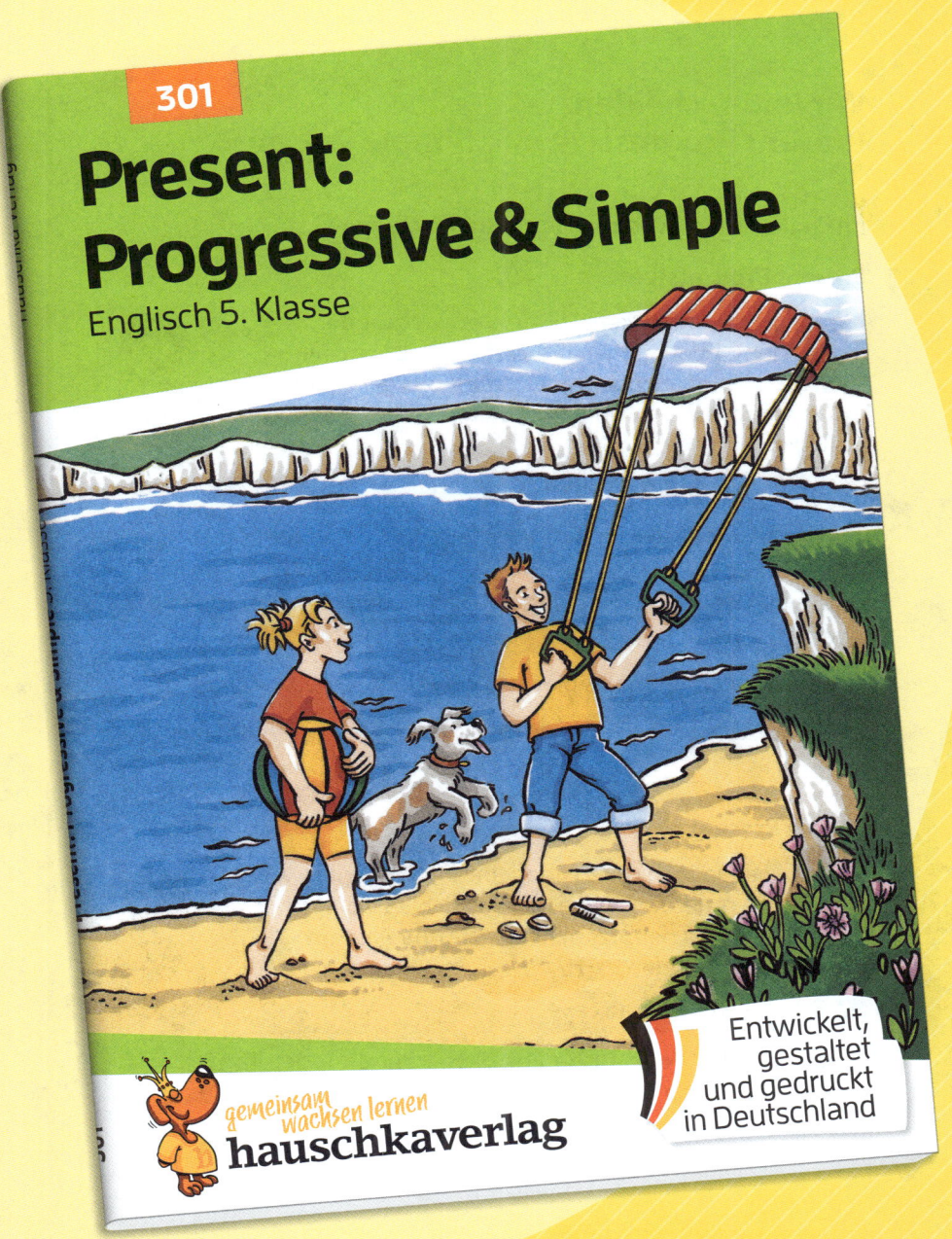

Present: Progressive & Simple

Englisch 5. Klasse

301

gemeinsam wachsen lernen
hauschkaverlag

Entwickelt, gestaltet und gedruckt in Deutschland

Wir unterscheiden:
Present Progressive und Simple Present

Im Englischen gibt es **zwei Formen der Gegenwart**:

1 **Present Progressive**

> Wenn man ausdrücken will, dass etwas **gerade geschieht**, benutzt man die **Present Progressive Form** (sie wird auch Present Continuous genannt). Man erkennt diese Form am **-ing** am Ende des Verbs (Tunwort).

> Z. B. Peter is eat**ing** a yogurt.

> In dem **Augenblick**, in dem wir ihn sehen, isst er **gerade** einen Jogurt.

Unterstreiche die Endsilbe -ing bei den Verben (Tunwörter) der folgenden zwei Sätze!

The baby is crying. Tom is playing basketball.

(Die Lösung findest du unter **1** im herausnehmbaren Lösungsteil nach Seite 30.)

2 **Simple Present**

> Wenn man jedoch etwas über eine Person sagen will, was diese **regelmäßig** macht, was sich also **öfters wiederholt**, so benutzt man das **Simple Present** (die einfache Gegenwart).

> Z. B. Peter eats a yogurt every day.

> Hier wird über Peter ausgesagt, dass er Jogurt **jeden Tag** isst, nicht, dass er ihn gerade isst.

3 Schau dir nun die Bilder genau an und lies dazu die Sätze, die etwas über die beiden Kinder aussagen!

Susan **is going** to school.

Hier erfahren wir, was Susan in dem **Augenblick** macht, in dem wir sie sehen.

In diesem Fall verwenden wir:

_____

Jack **goes** to school in England.

Hier erfahren wir etwas über Jack, was er **regelmäßig** macht, was sich also **öfters wiederholt**.

In diesem Fall verwenden wir:

_____

(Lösung siehe **3** im Lösungsteil nach Seite 30)

4 Im Deutschen machen wir diesen Unterschied nicht.

Susan **geht** in die Schule.

Jack **geht** in England in die Schule.

Beide Male wird die Gegenwart durch die Verbform „geht" ausgedrückt.

5 Es kommt also im Englischen ganz auf die Situation an, ob ich das **Present Progressive** (Present Continuous) benutze oder das **Simple Present.**

Schreibe unter jedes Bild, ob das **P**resent **P**rogressive oder das **S**imple **P**resent benutzt wurde. Kürze ab: **P. P.** oder **S. P.**

It is raining.

1. _____

He eats a lot.

2. _____

Tom is playing basketball.

3. _____

This girl cleans her teeth every day.

4. _____

The baby is crying.

5. _____

She is eating her sausages.

6. _____